**TAI
CHI
CHUAN**

TAI CHI CHUAN

A Alquimia do Movimento

Wu Jyh Cherng

5ª Edição

*M*auad X

Copyright @ by Herdeiras e sucessoras de Wu Jyh Cherng, 1998

5ª edição: 2010

Direitos desta edição reservados à
MAUAD Editora Ltda.
Rua Joaquim Silva, 98, 5º andar
Lapa — Rio de Janeiro — RJ — CEP: 20241-110
Tel.: (21) 3479.7422 — Fax: (21) 3479.7400
www.mauad.com.br

Coordenação das edições das obras de Wu Jyh Cherng:
Lîla Schwair

Fotos:
Capa e 4ª capa: Lîla Schwair
Miolo: Arquivo pessoal do autor

Se você estiver interessado em conhecer mais sobre o Taoismo ou conhecimentos afins, entre em contato com a Sociedade Taoista do Brasil.

Sedes:
Rua Cosme Velho, 355 – Cosme Velho, Rio de Janeiro (RJ)
Tel.: (21) 2225-2887

Av. Liberdade, 113/3º andar – Liberdade, São Paulo (SP)
Tel.: (11) 3105-7407

www.taoismo.org.br
www.sociedadetaoista.cjb.net/

CATALOGAÇÃO NA FONTE
SINDICATO NACIONAL DOS EDITORES DE LIVROS, RJ

W95t
5.ed.

Wu, Jhy-Cherng, 1958
    Tai Chi Chuan: a alquimia do movimento / Wu Jyh-Cherng. — 5.ed.
    — Rio de Janeiro: Mauad, 2010; il.
    Apêndice: Caderno de fotos com as posturas básicas
    14 x 21cm; 112p.
    ISBN 85-85756-65-9
    1. Tai Chi Chuan. 2. Filosofia Oriental. 3. Movimento — Educação.
    I. Título.
                                         CDD 796.8155
                                           CDU 796.891

Dedico este trabalho ao meu mestre
Dr. Wu Chao-hsiang

Quero expressar meu agradecimento a Carlos Eduardo Moraes e Eulalia Fernandes.

Sumário

I. O Eixo 11
II. O Espaço 23
III. O Movimento 33
IV. *Yin* e *Yang* 43
V. A Alquimia Interior 52
VI. Chi-Kun 65
VII. Os 13 Pontos Fundamentais 76
VIII. A Integração do Movimento 90
IX. As Principais Posturas (Caderno de Fotos) 104

I. O EIXO

A civilização chinesa é fundamentada em três pilares filosóficos: o taoista, o budista e o confucionista. Cada acontecimento de uma civilização está relacionado, de forma inevitável, com a sua filosofia-base. A filosofia-base da civilização chinesa é construída sobre esses três pensamentos, que abrangem desde os pequenos gestos, o comportamento humano, até a arquitetura, as artes e a estrutura política.

Imaginemos, agora, a arquitetura de uma casa, com todo o conjunto de quartos e salas. Existe sempre uma área principal que se torna o *centro* da casa, que atrai todas as energias e direciona todas as atividades. Esse centro é um ponto de apoio, para que a casa seja funcional.

Esse centro que atrai todas as energias é o que na linguagem simbólica chamamos de EIXO. Este EIXO existe tanto para a casa mais simples e primitiva, quanto para todas as coisas.

As três tradições tratarão da questão do EIXO, utilizando, no entanto, diversas terminologias com uma palavra comum, que é CHUN, que significa *centro* em chinês.

Cada uma dessas filosofias, entretanto, vai se expressar de maneira diferente:

na tradição taoista, essa questão é chamada de CHUN-TAO (o TAO do centro);
na tradição budista, é chamada de CHUN-KUAN (VISÃO do centro);
na tradição confucionista, é chamada de CHUN-YUN (SIMPLICIDADE do centro).

O Taoismo expressa o CHUN através do TAO, que significa, literalmente, *caminho*, mas também *caminhada* ou *caminhante*, aquele que está caminhando. É, então, ao mesmo tempo, aquele que está caminhando, o caminho e o ato de caminhar. É também aquele que não está caminhando, o que não foi caminhado e a ausência do caminhar. O TAO é o ABSOLUTO.

O Budismo expressa o CHUN através do KUAN, que significa *visão, compreensão, iluminação*. Tem o significado de *clareza* para a consciência, para o sentimento, para o corpo e para o intelecto. O Budismo, por essa razão, é o *pensamento dos iluminados*.

O Confucionismo expressa o CHUN através do YUN, que significa *simplicidade, naturalidade* e *nada-extraordinário*. Ele traz uma visão sociopolítica, como é de sua tradição. O Confucionismo introduz a imagem de que o homem deve ser simples. Essas simplicidade, naturalidade e "não-centricidade" estão baseadas no CHUN, *centro* ou não-extremismo.

Assim resultam, como o conceito de EIXO, o *caminho*, a *visão* e a *naturalidade* do *centro*.

A questão do EIXO no trabalho do TAI CHI CHUAN, como na tradição chinesa, é a essência de todas as coisas, e para podermos observar, analisar e chegar próximos a essa questão, vamos analisar o EIXO através do espaço, da consistência da matéria e através do tempo.

Analisando o EIXO através do *espaço*, vemos que ele é aquele que não está do lado direito, nem do lado esquerdo, e também não está na frente, nem atrás. O EIXO, em termos de *estrutura*, é aquele que não é leve e também não é pesado. Em termos de *consistência*, não é aquele que pode ser sentido nem aquele que não pode ser sentido.

E, a nível do *tempo*, o EIXO não é do passado, nem do futuro.

O EIXO está entre a direita e a esquerda e entre a frente e o atrás, e também não está entre a direita e a esquerda e entre a frente e atrás. Quem disse que o EIXO está no centro acertou e errou, ao mesmo tempo.

O EIXO está entre o mais leve e o mais pesado. E, ao mesmo tempo, não está entre o leve e o pesado. Quem disser que o EIXO não é muito pesado nem muito leve está certo e errado, pois ele está entre o peso e a leveza, mas também não está entre o peso e a leveza.

Se dissermos que o EIXO não está nem no passado nem no futuro, poderemos supor que ele esteja no presente. O EIXO, no entanto, não está no presente. Em outras palavras, ele está no *tempo* e também está no não-tempo, que não seria uma ausência de tempo.

Imaginemos que existe um espaço determinado e que este permite que um pássaro voe. Enquanto esse pássaro está voando, existe o espaço, pois, do contrário, o pássaro não voaria. O espaço existe antes de o pássaro estar nele e continua existindo enquanto o pássaro estiver fora dele, pois o espaço é permanente.

Todas as *formas* que atuam no espaço são transitórias, mutáveis e o espaço é o *Vazio* que jamais deixa de existir, o constante. O EIXO é o centro onde se encontram as formas e o Vazio do espaço. É o *princípio* que atravessa a fronteira das formas com o Vazio. É o ponto de equilíbrio.

Nessa condição de existência, encontramos o EIXO e também o encontramos na ausência dela. Os dois se unificam e, no entanto, a partir desse momento, o EIXO não é mais EIXO da *forma* nem do *Vazio*, mas é algo da *forma* e do *Vazio*. Esse é o ponto básico do TAI CHI CHUAN. A arte do TAI CHI CHUAN não é aquela que ignora este EIXO e fica com aquele. Não se pode desligar de tudo e ficar no *Vazio,* como não se pode pegar uma régua para localizar com exatidão o EIXO no corpo: é necessário atuá-la intuitivamente e com o sentimento de transparência.

Como o TAI CHI CHUAN é de origem taoista, chamamos esse EIXO de CHUN-TAO, o TAO *do meio* e, mais precisamente, CHUN.

O TAO *do meio* é o ponto básico de construção de toda a atividade do TAI CHI CHUAN. É o que permite que surjam todas as características e todas as práticas.

Na junção do EIXO físico com o EIXO não-físico, encontramos o EIXO do ABSOLUTO. É deste EIXO do ABSOLUTO que estamos tratando.

Se ficamos vagando no *Vazio*, perdemos o EIXO, e se nos apegamos às *formas*, também perdemos o EIXO. Isto é como a pessoa que só anda com o pé direito ou só com o pé esquerdo. Ela não tem equilíbrio e não irá longe.

Esse EIXO é a *consciência única* que atua nos níveis físico e não-físico; devemos manter sensivelmente nossa atenção sobre ele, durante a prática de TAI CHI CHUAN.

Se temos um espetáculo mas não temos onde apresentá-lo, ou se temos o teatro mas não o espetáculo, este não irá acontecer. Apesar de, na maioria das vezes, a nossa consciência estar mais ligada ao espetáculo do que àquilo que permite que o espetáculo aconteça, um não pode faltar ao outro.

Já que o EIXO não é algo da existência e, ao mesmo tempo, não é algo da inexistência, e também é algo da existência e da não-existência, podemos perceber que ele é o estado de pura consciência. E se atuamos nesse estado de pura consciência, o EIXO aparece, ele será sentido, vivido no sentido absoluto.

O estado de pura consciência não é conceito, nem determinação ou palavra, é a *vivência*. Quando vivido, o EIXO se torna um meio de não-manifestar e de manifestar, ao mesmo tempo.

Então, na atuação desse estado, o HOMEM atinge o estado do TODO.

Quem vive nessa condição de EIXO, torna-se UM. Dessa forma, ele não se divide entre o que existe e o que não existe. Não se divide em algo invisível e algo visível. Não há a *dualidade*. E esse estado se chama, então, *Estado TAI CHI* (TAI = *supremo*, CHI = *polar*: o estado supremo, acima das polaridades).

O EIXO NO SER HUMANO

Podemos analisar o EIXO no ser humano segundo três níveis: o físico, o psicológico e o do Vazio.

A *nível físico*, o EIXO situa-se entre o ombro direito e o ombro esquerdo e entre a linha da frente e a linha de trás, em uma primeira análise.

O EIXO, a *nível psicológico*, é aquele ponto central que permite que toda a sua estrutura psicológica exista, se manifeste e conceba. Esse EIXO também inclui aquele que mantém algo além do equilíbrio físico.

Podemos, por exemplo, encontrar algumas posturas e movimentos físicos em que a pessoa, apesar de estar fora da lei física, não cai nem perde o equilíbrio, devido ao fato de o EIXO PSICOLÓGICO estar firmemente conservado.

Disse Chuang-Tsé, filósofo taoista do período da Dinastia Chou[1] e que teria vivido entre 370 e 301 a.C.: "O ovo tem penas e patas, e a galinha, três pernas".

O primeiro trecho, "o ovo tem penas e patas", significa a *potencialidade* que permite algo surgir. O segundo trecho diz que "a galinha tem três pernas", significando um ponto de apoio no infinito, no invisível.

Muitas vezes, uma pessoa está muito doente, muito atingida fisicamente, mas traz consigo uma grande força de vontade e, através dessa força, pode viver por muito mais tempo do que seria de se esperar. Isso seria a *terceira perna*, o EIXO PSICOLÓGICO.

---

[1] A Dinastia Chou reinou na China de 1121 a 221 a.C.

Na filosofia taoista, é fundamental o conceito do *Vazio*, e ficamos nos perguntando sobre que Vazio é esse. O Vazio não é a ausência de algo. O Vazio é um estado de pura consciência. É o que permite que tudo se manifeste, está em tudo o que se manifesta e existe antes da manifestação e permanece após a manifestação. Esse vazio potencial, que sempre existiu, é o Vazio "que tem", que chamamos de KUN, e o equilíbrio integral da pessoa encontra-se justamente na união destes três EIXOS: o *físico*, o *psicológico* e o do *Vazio*.

O ser humano vive com esses três elementos juntos; muitas vezes, porém, nossa compreensão e nossa percepção chegam apenas ao nível físico, ou, até mesmo, nem sequer temos consciência do EIXO FÍSICO.

No I CHING, o simbolismo vivido pelo homem é visto segundo três pontos básicos: o simbolismo do Céu, o simbolismo do Homem e o simbolismo da Terra. Desde a Antiguidade o ser humano percebe que existe algo de certa forma limitado, simbolizado pela Terra. O homem percebe também que, daqui para o Alto, ele vai até o infinito, vai para algo além da sua visão. O Céu simboliza, então, tudo aquilo que é de possibilidade maior, e a Terra simboliza limitação e consciência visível, aquilo que é palpável. Entre o Céu e a Terra, encontramos o simbolismo do Homem.

O praticante do TAI CHI CHUAN tem seus pés pisando na Terra e sua cabeça suportando o Céu, e, nesse momento, podemos encontrar o EIXO FÍSICO. Nesse instante, porém, as duas extremidades dele se estendem, uma para cima e outra para baixo, atirando-se para o infinito, fazendo com que a energia do Homem se una com a energia da Terra e com a energia do Céu e tornando as energias do

Homem, do Céu e da Terra uma única energia. Através desse EIXO, projetamos para o infinito e para as duas polaridades, e somos aquele que liga essas duas polaridades.

O iniciante deve, em primeiro lugar, encontrar o EIXO FÍSICO, depois se desapegar desse EIXO, sem, porém, se esquecer dele, para poder, então, entrar em um nível mais profundo.

Essa união entre o Céu e a Terra faz com que o Homem se manifeste simultaneamente em todos os seres. Por isso, o TAI CHI CHUAN é a arte da integração universal. É a união do Céu, da Terra e do Homem através do EIXO, fazendo o Homem romper a fronteira do ego humano e se tornar o Homem Universal. Através da consciência do EIXO, o TAI CHI CHUAN faz com que as energias vitais atravessem toda a existência e não-existência, formando a *energia única*. Isso vai, consequentemente, causar um efeito psicológico no comportamento da pessoa, em seu reflexo. A pessoa que pratica o TAI CHI CHUAN com essa consciência do EIXO certamente poderá se tornar uma pessoa menos apegada, menos egoísta, alguém que sabe relacionar o *eu* e o *outro* como *um só*.

No momento em que o ser humano chegar à conclusão de que o *eu* e o *todo* são uma coisa única, terá a visão (KUAN) da TOTALIDADE. Quando um praticante atinge o estado de transparência e interpenetração, atinge o KUN, torna-se o TAO. Esse seria o último estágio do TAI CHI CHUAN.

O EIXO NA PRÁTICA DO TAI CHI CHUAN

1. Devemos tomar o EIXO como mãe de todas as posturas. Mas, o que seria isso? Cada postura é uma manifestação da consciência. Todas as formas de TAI CHI CHUAN apresentam inúmeras possibilidades de transformação, existindo, no entanto, uma forma que jamais se perde, que é o EIXO. Poderíamos fazer uma postura em que preci-

sássemos nos abaixar ou uma em que precisássemos rolar. Nesses casos, nosso eixo se transformaria em uma espiral, mas retornaria à forma retilínea. O EIXO, por isso, é a *matriz*, a mãe de todas as posturas do TAI CHI CHUAN. Não é para ficarmos retos ou contraídos, e sim para termos a consciência da *postura-mãe*, o Retorno.

2. Podemos também ver o EIXO como algo dinâmico e não como um fio esticado. O EIXO é aquele que atua entre o movimento e a ausência do movimento. Esse não-movimento, que existe quando estamos nos movimentando, é o mesmo EIXO, em outro nível. Quando estivermos fazendo a prática do TAI CHI CHUAN, é importante que, apesar de todo o corpo estar se movimentando, não percamos a consciência do não-movimento.

3. O EIXO ABSTRATO é a transparência do sentimento, na consciência, sem palavras ou diálogo interior.

O EIXO PARA OS PRINCIPIANTES

A primeira pedra na construção do TAI CHI CHUAN é o EIXO. Na prática, porém, quais seriam os primeiros cuidados para podermos, pelo menos inicialmente, sentir o EIXO FÍSICO?

Devemos começar pela base, e essa todos podem encontrar. As primeiras atenções que devemos ter se dividem em três questões: na postura do TAI CHI CHUAN, na respiração e na atuação da mente e da emoção.

A – *Postura*
1. O topo da cabeça sempre lembrando o céu, sempre tendo essa consciência.
2. Lembramos do chão através dos nossos passos.
3. Lembramos da visão do infinito, concentrando-nos.
4. Mantermos os ombros relaxados.
5. Mantermos os cotovelos caídos, abaixados, sem forçá-los.
6. Conservarmos o tórax relaxado.
7. Sentarmos como se estivéssemos montados a cavalo, ou seja, com o quadril encaixado.
8. Alinharmos os joelhos com a ponta dos pés.

O TAI CHI CHUAN para iniciantes é praticado lentamente, para que possam perceber todos esses pontos, como referência para encontrarem o EIXO.

B – *Respiração*
1. A respiração deve ser a mais natural possível, devendo haver união entre o movimento e a respiração. Geralmente, na expansão, expiramos, e no recolhimento, inspiramos. É necessário relaxarmos, termos a respiração natural, para sentirmos o movimento de *sopro vital* (CHI)[2].
2. A respiração deve ser longa e profunda. Devemos tentar sentir a inspiração ir até a parte da bexiga. Devemos sentir a sensação de fluidez do CHI.
3. A respiração deve ser solta, desprendida. Devemos não estimular, nem reprimir.

---

[2] Ver capítulo V, A Alquimia Interior.

C – *Mente e Emoção*
1. Devemos estar emocionalmente esvaziados. Não é sermos frios, e sim termos uma estabilidade, uma transparência emocional durante a prática de TAI CHI CHUAN. Não é reprimirmos emoção, pois tal atitude torna-se força oculta antagônica, a polarização do desequilíbrio. No Eixo não há consciente e subconsciente, não existe racional e irracional. O EIXO é uma estrutura transparente.
2. A mente se acha em plena atenção, isto é, percebe tudo sem julgar coisa alguma. É o EIXO DA MENTE, sem sonolência nem fixação de ideias, sem palavras interiores nem concentração repressiva. É a TRANSPARÊNCIA.

II. O ESPAÇO

Uma vez que compreendemos o EIXO do TAI CHI CHUAN, alargamos a visão para outra importante questão, que é o ESPAÇO.

Apesar das dificuldades em expressá-lo por meio de palavras, podemos dizer que o espaço não é apenas algo que permite a existência das *formas*, mas é, também, um *estado de espírito*.

De acordo com a visão tradicional taoista, a totalidade de um ser humano é constituída por três elementos: a) a capacidade físico-orgânica; b) a manifestação energética; c) a estrutura psicológica.

Desse modo, além da relação psicofísica, a visão taoista enfatiza principalmente a questão energética, considerando-a como intermediária. Essa faz o lado psicológico influir diretamente no nível físico, trazendo também a mensagem da experiência física para a estrutura psicológica.

Toda manifestação físico-orgânica, como a formação de células, o crescimento, a manifestação de uma doença e/ou a regeneração física, é inteiramente ligada à qualidade e ao funcionamento da *energia vital* e da estrutura psicológica.

A parte psicológica, na sua formação, como os complexos, memórias ou sentimentos, é influenciada diretamente pela energia vital e pelo físico-orgânico ou influi sobre esses.

Na Medicina e na Terapia Chinesa, o estudo sobre a parte energética é chamado de "a Ciência do CHI-MAI". CHI significa, literalmente, "sopro", que tem sentido, simultaneamente, de ar e bioenergia; MAI significa "canais", por onde circula essa energia.

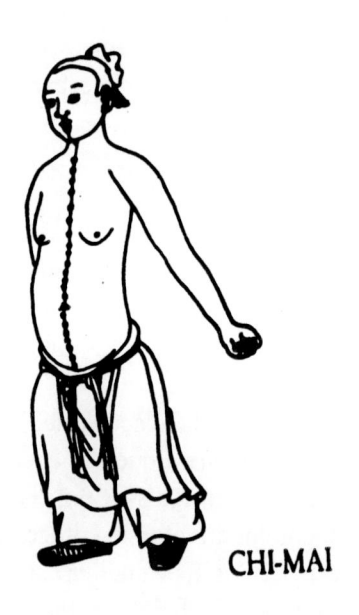

CHI-MAI

Desse modo, as estruturas psicológica, energética e física atuam entre si, interpenetrando-se, interferindo uma na outra e, na verdade, sendo uma só estrutura.

O ESPAÇO é fundamental para essas três estruturas: o corpo precisa do ESPAÇO para se movimentar, a energia precisa do ESPAÇO para liberar a fluidez e a psique precisa do espaço para obter a *liberdade interior*.

Para a harmonia integral de uma pessoa, é necessária a existência do ESPAÇO em cada um dos três níveis, aceitando os outros dois como parte de si mesmo, assim como é fundamental termos consciência do ESPAÇO para podermos conviver com todos os seres e convivermos conosco mesmos.

No capítulo 11 do TAO TE CHING, diz Lao-Tsé:
"Trinta raios convergem no círculo de uma roda
E do ESPAÇO que há entre eles
Origina-se a utilidade da roda."
Isso pode ser compreendido pela seguinte análise:

É o ESPAÇO que existe no centro da roda, por onde passará o EIXO do carro, que faz a roda girar.
É o ESPAÇO que existe no exterior da roda que faz surgir o movimento.
Então, é o ESPAÇO dentro e fora da roda que faz o carro andar. Podemos perceber, ainda, que antes de a roda existir, o ESPAÇO já existia, e se a roda não mais existir, o ESPAÇO continuará existindo.
Assim,
A roda simboliza a *forma*, o *corpo*, os acontecimentos do MUNDO.

Os movimentos da roda simbolizam a *lei* ou mecanismo de funcionamento da forma, do corpo e dos acontecimentos do Mundo, e o ESPAÇO é o princípio, o que permite isso acontecer e existir. É o que devemos conscientizar durante o movimento da vida.

O TAI CHI TU é o símbolo que traz o sentido da roda

KUN – SHÜ – SHUM

Para a prática do TAI CHI CHUAN, é necessário entendermos o conceito de ESPAÇO em três níveis: a) KUN; b) SHÜ; c) SHUM.

KUN

Kun é o VAZIO NÃO-AUSENTE. O termo VAZIO é, talvez, a tradução mais aproximada do sentido original da palavra. VAZIO, em chinês, não significa a *ausência*, e, sim, a *existência*.

KUN é uma palavra que é utilizada em referência à dimensão da consciência. Na prática taoista, uma pessoa pode chegar ao estado de pura consciência, não havendo, neste estado, pensamento nem alheamento. Apenas se *sabe*, e não é o *saber de algo*, esse puro saber é a pura consciência, sem nenhuma palavra ou julgamento. A esse puro estado de saber chamamos de KUN. É como se, em um momento, parássemos de pensar em tudo, sem, todavia, estarmos dormindo. Estaríamos lúcidos, claros e transparentes, para percebermos tudo, sem estarmos apegados a coisa alguma. Esse estado de consciência é o KUN, sendo que, no momento em que passamos a pensar, não estamos mais no estado de KUN.

O ESPAÇO, no nível da consciência pura, é o KUN.

SHÜ

SHÜ significa *não-concreto*. É algo que não pode ser determinado. Tem visão do *Abstrato*.

SHÜ é aquilo que não pode ser determinado, é algo que existe sem ser concreto. É o estado que unifica e funde o físico com o não-físico. É a forma da abstração, sendo, por isso, comum encontrarmos os grandes mestres de TAI CHI CHUAN bastante abstraídos na execução dos movimentos.

O SHÜ está ligado ao simbolismo do *dragão* da Mitologia Chinesa. O dragão tanto pode viver na terra, quanto na água ou no céu. Quando aparece, nunca se mostra por inteiro, vestido de nuvem e trovão. O dragão é o *mistério*, o *não-distinguível*. O dragão simboliza o que se encontra além da *compreensão* e da *limitação* da determinação racional.

O ESPAÇO, no nível da consciência, é o KUN; no nível da união e fusão entre o corpo e a consciência, é o SHÜ.

SHUM

SHUM significa *relaxado* ou *desprendido*, como, por exemplo, quando se amarra um objeto de maneira meio-frouxa, ficando meio-solto, ou como um parafuso que não está bem apertado. É algo flexível, não-preso.

Dito isso, no TAI CHI CHUAN, o corpo permanece solto e isso faz com que as energias e a circulação sanguínea tornem-se mais naturais, sem bloqueios.

Sendo assim, o ESPAÇO ao nível da consciência é o KUN, ao nível da fusão entre corpo e consciência é o SHÜ, e ao nível do corpo é o SHUM.

RESUMO

Na vivência de KUN, atingimos uma percepção muito nítida. Não existe conceito ou valor algum que nos prenda, se estamos totalmente transparentes e libertos, se somos capazes de ver tudo a um só tempo. KUN é um *estado* e não uma filosofia.

Na vivência de SHÜ, a vida e a consciência se fundem. É um estado nem físico nem espiritual, e sim algo *diluído* e *energético*. É a *água* que flutua no ESPAÇO. É uma potencialidade que se manifesta, sem forma.

Na vivência de SHUM, toda a energia corporal e a regeneração celular tornam-se mais fluidas, e a energia circula sem bloqueios. Quando o corpo não está em SHUM, ficamos tensos, aparecem bloqueios e adoecemos.

Quando conseguimos esvaziar o corpo e a consciência, permitimos ao ESPAÇO existir e, nesse momento, a energia pessoal e a cósmica se tornam uma só, fazendo com que cada respiração, cada pulsação de vida seja a mesma de todo o Universo. Nesse momento, realiza-se a união do Homem com o Céu e a Terra.

O ideal é que a prática do TAI CHI CHUAN seja realizada junto à natureza, em ambientes abertos, pois esses lugares têm a melhor energia a oferecer. O lugar deve ser limpo, o menos poluído possível e sem pensamentos pesados e agressivos. Isso porque nossa consciência está muito ligada à *forma*, ao ESPAÇO, ao *local* e ao *físico*. Se, entretanto, tivermos uma consciência transparente, podemos praticar em qualquer lugar, porque só iremos aproveitar as energias que são puras. É claro que isso depende do nível de atuação da consciência. Como, muitas vezes, não podemos escolher o local para a prática do TAI CHI CHUAN, o melhor, então, é termos a transparência interior, de modo que qualquer lugar se preste para essa nossa prática.

A VIVÊNCIA DO KUN

1. *Não-intencional*: devemos realizar os movimentos sem intenção, sem *pensamento*, sem *emoção* e sem *preocupação*, para podermos permanecer no estado de absoluta clareza mental-emocional e em silêncio interior.
2. *Arte Marcial*: na prática da Arte Marcial, são fundamentais a serenidade e a transparência interior. Cada gesto de defesa é realizado sem raiva ou desespero. O sublime guerreiro não tem intenção nem sentimento. Não existe Bem nem Mal. É como o espelho que reflete: não existe *Eu* nem *glória*.

A VIVÊNCIA DO SHÜ

1. *Movimentos macios*: não devemos confundi-los com movimentos frouxos e sem vitalidade. Os movimentos macios são como os de máquinas lubrificadas.
2. *O Círculo*: para se realizar o SHÜ, os movimentos são contínuos, as formas não têm início, não têm fim; não finalizamos totalmente um movimento. Para isso, as articulações não se esticam totalmente; as articulações não contraídas permitem melhor fluidez energética.
3. *A Continuidade*: é como a água corrente, por isso um dos nomes antigos do TAI CHI CHUAN é CHANG-CHUAN, em que CHUAN é "punho", o termo comum utilizado para qualquer arte marcial chinesa, e CHANG é o nome dado a este CHUAN, significando o "longo", a continuidade.
4. *Arte Marcial*: o SHU, na Arte Marcial, é constituído por posturas e movimentos indefiníveis. Os movi-

mentos não-concretos permitem maior variedade dos golpes e maior flexibilidade no nível da superioridade técnica; a integração e a difusão psicofísica de um lutador significam maior "integração" consigo e com o seu adversário. Fluir no jogo do adversário, sem se prejudicar. A continuidade traz a ação constante, sem se adiantar nem se atrasar no contato.

A VIVÊNCIA DO SHUM

1. *Corpo solto*: os músculos não devem estar contraídos intencionalmente, exceto pela contração natural gerada pelo próprio peso do corpo e pelo movimento (por exemplo, contração da coluna lombar, do quadril e da coxa até os pés).
2. *Raiz forte*: na prática do TAI CHI CHUAN, a energia deve ir repousar na base do tronco (bacia), correspondendo, assim, ao simbolismo do capim (folhas soltas e raízes fortes), o EIXO solto e relaxado, para que o peso do corpo fique centrado na região da bacia-abdome.

Raiz forte

3. *Arte Marcial*: o TAI CHI CHUAN é um estilo *interno* de arte marcial, ou seja, enfatiza o uso de energia em lugar da pura força física; a força de defesa e de ataque do TAI CHI CHUAN origina-se do corpo relaxado e que não se contrai antes do confronto; a força e a energia só explodem no momento exato do contato e, para isso, é necessário que tenhamos uma boa disciplina de relaxamento e desprendimento psicofísico.

III. O MOVIMENTO

*"O Retorno é o Movimento do TAO,
A Suavidade é a Atuação do TAO."*

TAO TE CHING, Cap. 40

A escrita chinesa é formada por ideogramas e é comum cada ideograma guardar em si vários significados, simultâneos, principalmente no caso dos textos políticos e filosóficos.

A palavra *retorno* é a tradução da palavra chinesa FAN (反), que significa, também, *o oposto*. Por isso, a primeira frase também poderia ser:

"Os movimentos do TAO realizam-se através dos opostos."

Sendo assim, a suave arte do TAI CHI CHUAN tem seu movimento em correspondência com o simbolismo do *Retorno* e dos *opostos*.

O Retorno

O I CHING, o "Livro das Mutações", é a base do Pensamento Chinês. Dentre seus 64 *hexagramas*, encontra-se um, chamado FU, que significa, exatamente, *o Retorno*.

FU/ Retorno

O hexagrama FU faz parte de um conjunto de 12 hexagramas que trazem a imagem do *movimento*, da *transformação* e do *ciclo*.

Estes 12 hexagramas correspondem, também, aos 12 meses do ano:

| JAN. | FEV. | MAR. | ABR. | MAI. | JUN. |

| JUL. | AGO. | SET. | OUT. | NOV. | DEZ. |

Os hexagramas do I CHING são formados por seis linhas, inteiras ou quebradas, sendo que as linhas *positivas* (—) são chamadas de *Yang*, e as linhas *negativas* (— —) são chamadas de *Yin*.

A formação de um hexagrama se processa de baixo para cima:

```
 ──────────── 6ª
 ──────────── 5ª
 ──────────── 4ª
 ──────────── 3ª
 ──────────── 2ª
 ──────────── 1ª
```

Com os movimentos que vêm de baixo para cima, as polaridades se mobilizam e se transformam, gerando a transformação dos hexagramas:

坤　復　臨　泰　大壯　夬　乾

A transformação dos hexagramas nos mostra que os movimentos do Universo são ciclos de transformação que se iniciam do interior e crescem até o seu máximo de atividade e, em seguida, entram em declínio até retornarem ao estado inicial.

Para compreendermos melhor os simbolismos do I CHING, podemos dividir o hexagrama em duas partes: a parte de cima, que é chamada de *trigrama externo* ou *supe-*

rior, e a parte de baixo, que é chamada de *trigrama interno ou inferior*. O emprego dos termos "superior" e "inferior" é apenas para diferenciar os trigramas, pois estes apresentam as mesmas qualidades, cada um em sua área.

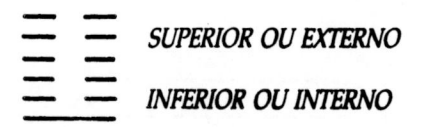

```
═ ═   SUPERIOR OU EXTERNO
═ ═
─ ─   INFERIOR OU INTERNO
```

O trigrama externo corresponde ao lado visível, superficial e exterior das coisas do Mundo; o trigrama interno corresponde ao lado invisível, profundo e interior das coisas do Mundo.

Raciocinando por analogia em relação ao ser humano, podemos dizer, então, que o trigrama externo representa o consciente de uma pessoa, e o trigrama interno representa o inconsciente dessa pessoa.

Imaginemos, agora, uma flecha atirada em direção a um alvo. Se o arco é o impulso original, o interior de uma pessoa, então, o alvo seria o objetivo, o exterior dela. Cada impulso original, até sua concretização, é como a trajetória da flecha: ela é contínua e ininterrupta. O movimento da flecha é um só, com relação interior-exterior de uma pessoa.

O I CHING mostra, fundamentalmente, que as transformações vêm sempre do interior para o exterior. Através dos 12 hexagramas, podemos perceber que as energias têm sua ascensão desde o interior até alcançar a total atividade, como tudo que atinge um auge e inicia um enfraquecimento, até se tornar a polaridade contrária e retornando, em seguida, ao estado inicial.

CONCLUSÃO

A Passividade

No ciclo dos 12 hexagramas, o hexagrama anterior a FU é KUEN, que simboliza a MÃE, a TERRA, a *feminilidade*, a *suavidade*. É do KUEN que nasce o FU.

K'UN   FU

Na passagem de KUEN para FU, percebemos que, para o surgimento da energia *Yang* no interior, é necessário, antes, estarmos em KUEN, ou seja, em total *Yin*, total receptividade. Isso, na prática, significa a força após o absoluto relaxamento.

Na interpretação *Yin/Yang*, segundo a tradição taoista, o estado inicial deve ser *Yin* e dele nascer *Yang*. Isto é fundamental, uma vez que explica, na prática do TAI CHI CHUAN, o estado de *passividade*, de onde surge a *atividade*.

O Interior

Todos os movimentos do TAI CHI CHUAN são regidos pela força interna da *essência*. De acordo com os hexagramas, as iniciativas vêm do interior; por isso é o interior que dirige o exterior, é a consciência que dirige o corpo, e para isso é preciso o máximo de sensibilidade e percepção (KUEN), para que possamos extrair a força que vem de dentro.

No momento em que nosso corpo é dirigido pela pura consciência, sem conceitos, sem julgamentos e sem intenção, e nós apenas permitimos ao nosso corpo movimento, neste momento nossa energia interna circula livremente, e isso faz surgir o MELHOR efeito do CHI dentro do corpo. A energia que está circulando no interior do corpo se une, de forma automática, à energia que está fora. Isso é como se fosse um copo dentro de um balde de água: a água que se encontra dentro do copo é a mesma do balde inteiro.

A Força Primária

O hexagrama FU traz também a imagem da Força Primária. É a primeira energia *Yang* que surge do interior da *Yin*. É a primeira força que vem de dentro, que vem do profundo, do Universo Inconsciente.

Isso, na prática, demonstra a importância da *espontaneidade*: é a força da naturalidade, é o primeiro broto da semente adormecida.

A Continuidade

Os movimentos dos hexagramas são os movimentos da natureza. Sua transformação é contínua, trazendo o Retorno, como as estações do ano. Isso mostra ao praticante de TAI CHI CHUAN que os movimentos são contínuos. Uma vez que o gesto tenha sido dominado pelo aprendiz, este irá, então, aos poucos, prosseguindo até chegar ao ponto de fazer os movimentos não terem início nem fim, sendo a passagem de uma postura para a outra feita sem interrupção.

O OPOSTO

Geração e Transformação

Na prática do TAI CHI CHUAN, é através dos opostos que surge a força de atração. Os opostos se atraem e se opõem, simultaneamente, e, deste modo, o movimento surge. Toda vez que forças opostas se unem, geram uma terceira força. A união dos opostos mantém a *continuidade*. Se não houver calor e frio, não haverá evaporação e, em consequência, a chuva. E a natureza não teria movimento nem força.

Os Movimentos

Os movimentos do TAI CHI CHUAN se baseiam nos movimentos dos opostos que existem dentro de nós.

Na prática, o corpo em ação (*Yang*) deve trazer dentro de si a quietude (*Yin*). Os movimentos devem ser suaves (*Yin*); devem conter, porém, em abundância, as energias no interior (*Yang*).

O movimento rápido (*Yang*) tem uma potencialidade de lento (*Yin*) e o movimento lento (*Yin*) tem uma potencialidade de rápido (*Yang*).

Yin e Yang

O movimento do *Yin* e do *Yang* na simbologia do I CHING: o *Yin* é simbolizado pelo *quadrado*, e o *Yang* é simbolizado pelo *círculo*.

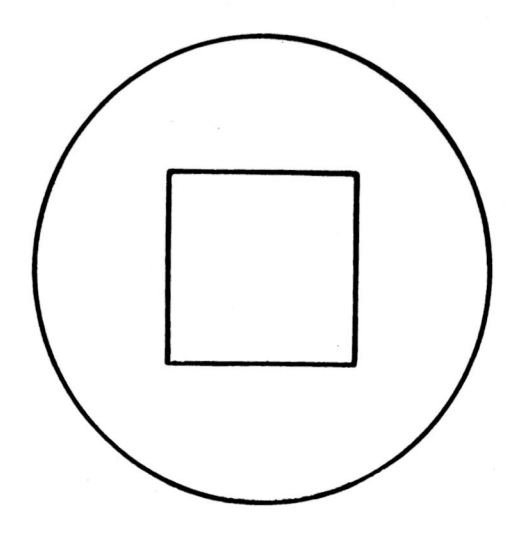

O *Yin* é a consciência da *direção*, e o *Yang* é a consciência do *espaço*.

Os movimentos do *Yang* são circulares; por isso, na prática do TAI CHI CHUAN, giramos todas as articulações em grandes e pequenos círculos, todo o tempo.

Os movimentos do *Yin* são quadrados. É a consciência dos ângulos, é a clareza das direções, é a formação das diagonais. O movimento do *Yin* tem o princípio de uma linha ligando dois pontos. É a consciência dos quatro cantos e dos quatro pontos cardeais. Por isso, os passos do TAI CHI CHUAN estão de acordo com os pontos cardeais e estão sempre ligados a ângulos de 45, 90, 180 e 360 graus.

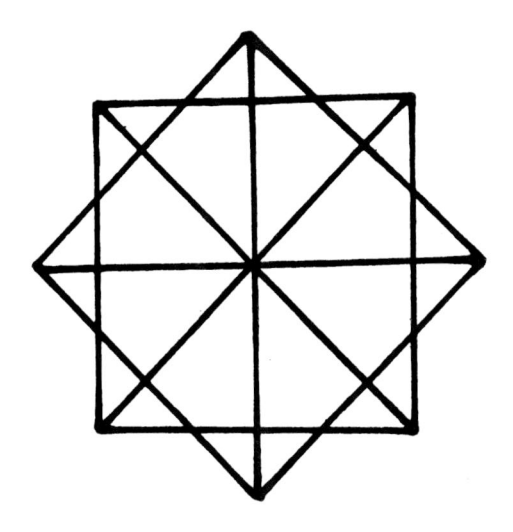

Todo *Yin* contém *Yang* no seu interior.

Todo *Yin* traz dentro de si a possibilidade de *Yang*, e isso significa que, quando em ausência de movimento, ele traz de si a potencialidade do movimento.

Todo *Yang* contém *Yin* no seu interior.

Todo *Yang* traz dentro de si a qualidade de *Yin*, e isso significa que, durante o seu movimento, cada um deve guardar dentro de si a *estabilidade* e a *transparência*.

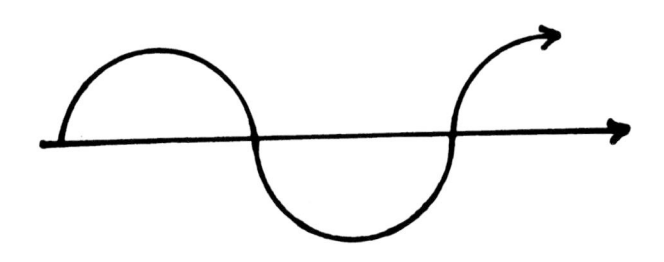

ANÁLISE FINAL

Os movimentos devem ser feitos de maneira a encontrarmos o círculo dentro da linha reta e a linha reta dentro do círculo, formando a espiral.

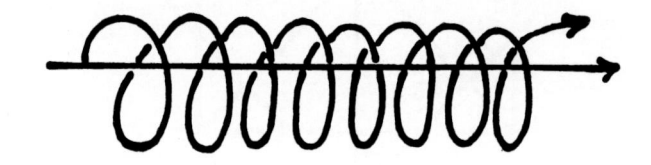

IV. *YIN* E *YANG*

A Origem

O conceito de *Yin* e *Yang* se original do I CHING. Este teve origem na obra do imperador Fu-Si[3], que viveu há, aproximadamente, 7.000 anos.

Fu-Si criou oito trigramas que geraram 64 hexagramas, baseando-se na observação do céu, da terra, do homem e dos seres, seguindo a observação do HO-TU (Mapa do Rio). O HO-TU era um aparelho esférico que apresentava marcações de latitude e longitude, com números de referência; acredita-se que se tratava de um instrumento matemático-físico-astronômico. O HO-TU foi descoberto por Fu-Si após o degelo do Rio Amarelo e foi destruído durante o grande incêndio do Depósito Real da Dinastia Chin Oeste (317-430 d.C.). Nos textos atuais do I CHING, encontramos uma ilustração de um HO-TU. Trata-se, no entanto, de um novo instrumento, deixado por um famoso

---

[3] Fu-Si também se chama Tai-Hau (風 = *o Grande Céu*) e seu sobrenome é Fon (太昊 = *o Vento*); foi um dos três imperadores-alicerces da Civilização Chinesa.

mago e alquimista taoista, chamado Chen-Tuan, da Dinastia Sung (960-1127), e não daquele do imperador Fu-Si.

Os oito trigramas e os 64 hexagramas:

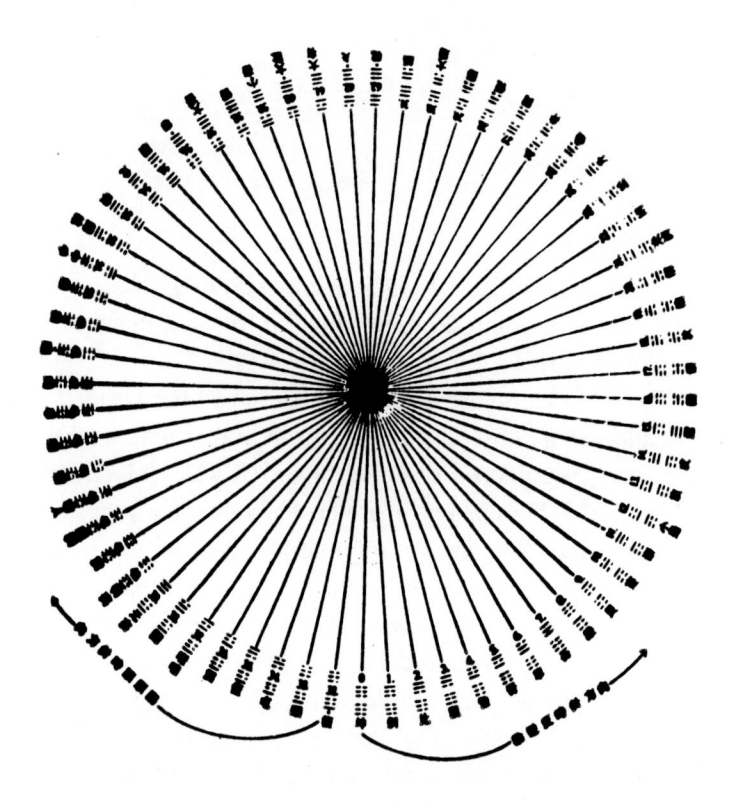

O HO-TU de Chen-Tuan

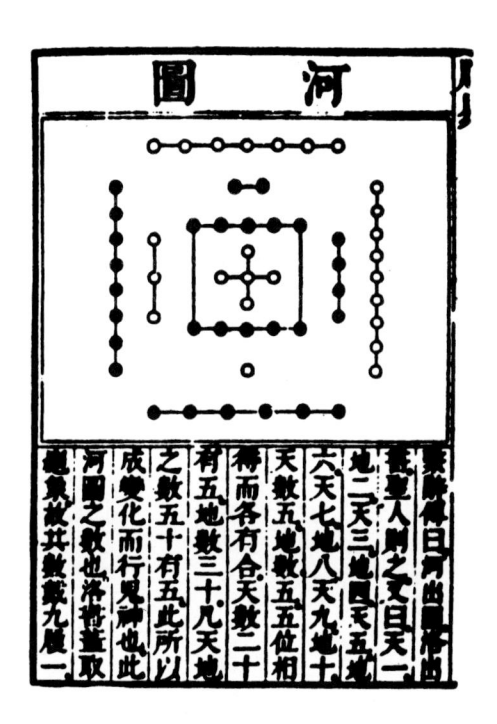

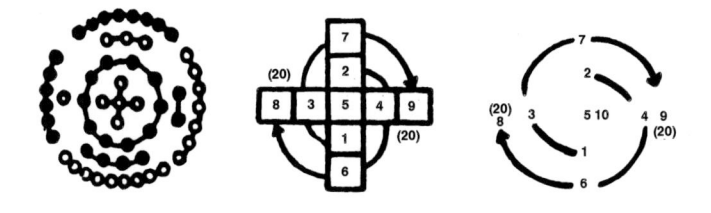

Confúcio, no capítulo 10 de sua obra *Ta-Chuan*, faz o seguinte comentário sobre o *Yin* e o *Yang*:
"O 'I' contém o TAI CHI e do TAI CHI nascem duas imagens. Das duas imagens são geradas quatro formas e das quatro formas são geradas oito trigramas..."

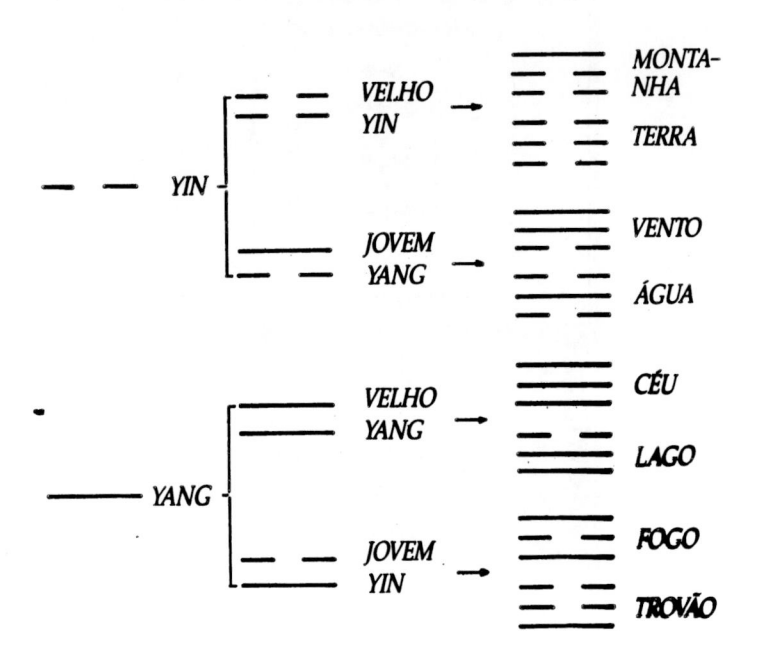

```
             ┌── ── VELHO  →  ═══ ═══  MONTA-
             │      YIN        ═══ ═══  NHA
             │                 ═══ ═══  TERRA
  ── ── YIN ─┤
             │                 ═════════ VENTO
             │ ───── JOVEM  →  ═══ ═══
             └── ── YANG       ═════════ ÁGUA


             ┌───── VELHO  →  ═════════ CÉU
             │ ───── YANG      ═════════
             │                 ═════════ LAGO
  ───── YANG ┤
             │                 ═════════ FOGO
             │ ── ── JOVEM  →  ═══ ═══
             └───── YIN        ═══ ═══  TROVÃO
```

O *termo "I" (Mutações)* traz, em si, quatro significados: 1) *mutável*; 2) *imutável*; 3) *transmutável*; e 4) *sintetizável*.
   1. *Mutável:* todas as formas do Universo são *mutáveis* (ideias, conceitos, formas físicas, emoções, etc.). É a *Impermanência*.

2. *Imutável:* é o Princípio, o vazio gerador das coisas e, também, a Lei que revela a Impermanência das formas.
3. *Transmutável:* é a possibilidade que deriva da compreensão do mutável e do imutável. É o Mistério do Livre-Arbítrio, o Processo da Alquimia.
4. *Sintetizável:* é a chave do mistério, é onde se encontra a ESSÊNCIA, onde se encontra o comum entre o homem e o cosmos.

No princípio da geração do I encontra-se o estado de perfeita harmonia, o TAI CHI, em que TAI quer dizer "supremo" e CHI quer dizer "polar", ou seja, o estado que supera as polaridades. É a unidade que contém dentro de si as duas polaridades. É a *união,* a *não-reparação* dos opostos, trazendo a mensagem da *aceitação, da cooperação e da unidade indivisível* dos diferentes que são o Um só.

O Universo do I é o *universo do ciclo.* Da harmonia do TAI CHI surge a separação dos opostos, daí o *Yin* e o *Yang* e, neles, a *re-união* e o casamento para o *retorno.*

O Significado

Em sentido literal, *Yin* significa "sombra" e *Yang* significa "raio de luz". São termos que necessitam ser interpretados em suas manifestações: como a luz é a consequência da irradiação do sol, e a sombra é a consequência de algo material contra o sol, podemos deduzir que o *Yin* e o *Yang* são pertencentes ao Universo do Fenômeno. Por essa razão, os termos *Yin* e *Yang* jamais seriam usados em referência ao Princípio ou ao Absoluto, mas, sim, para as suas *manifestações.*

No Universo das Formas, tudo atua no nível dos antagônicos, como homem/mulher, quente/frio, duro/macio, etc. São *Yin* e *Yang* em todas as coisas e em todos os aspectos.

Os conceitos *Yin* e *Yang* devem ser utilizados em uma forma dinâmica, sendo apenas termos de um *referencial* para distinção, controle e harmonização do *organismo* do Mundo. Por exemplo: a água é *Yang* em relação ao gelo, mas é *Yin* em relação ao vapor.

TUDO QUE APRESENTA AS CARACTERÍSTICAS DE *LEVE, TRANSPARENTE* E *ASCENDENTE* É *YANG*.
TUDO QUE APRESENTA AS CARACTERÍSTICAS DE *PESADO, TURVO* E *DESCENDENTE* É *YIN*.

A água não é melhor do que o gelo nem pior do que o vapor; no Mundo das Formas, o *Yin* e o *Yang* têm a mesma importância e valor. O BEM é a *harmonia* e a *união* dos antagônicos e não *um* dos opostos.[4]

Os Movimentos

Yin e *Yang* são opostos que se atraem, são antagônicos que se completam. Sem *Yin* não há *Yang* e vice-versa. A união *Yin/Yang* cria *movimento* e gera *força*, forma o *ciclo* e lança a terceira palavra: *transformação*.

Na Astrologia Chinesa, a lua (☽) também se chama TAI-Yin (太陰 *a suprema yin*) e o sol (☉), TAI-Yang (太陽 *o supremo yang*). Desde tempos remotos, o homem, em sua convivência com o sol e a lua, já notava

---

[4] No Taoismo, o *Yin* e o *Yang* são os pontos antagônicos, enquanto que o Bem e o Mal são duas qualidades de um mesmo ponto; o Bem é o equilíbrio entre esses dois antagônicos, enquanto o Mal é o desequilíbrio.

a existência dos opostos, percebendo diferenças tais como entre a claridade e a escuridão, entre o calor e o frio, bem como percebendo que seu organismo e o de todos os seres da Terra estão ligados ao ciclo sol-lua para o seu despertar e para o seu repouso.

Toda manhã o sol traz, para todos os seres, o primeiro raio (*Yang*) que nasce após o profundo repouso (*Yin*), isto correspondendo ao simbolismo do hexagrama FU (☷☳), o RETORNO. Nesse momento, todos os seres têm seu organismo despertado. É o melhor momento para iniciarmos a prática do TAI CHI CHUAN.

Yin e *Yang* se manifestam sempre simultaneamente e, por isso, na prática do TAI CHI CHUAN, os movimentos (*Yang*) sempre se completam com a serenidade interior (*Yin*); o movimento físico (*Yin*) sempre se completa com o exercício respiratório (*Yang*); o trabalho energético (*Yin*) jamais se separa da concentração e conscientização (*Yang*).

Na prática do TAI CHI CHUAN, a pessoa torna-se *receptiva* (*Yin*), para poder receber os sinais da *pulsação* da natureza (*Yang*) e acompanhá-la; é a arte de fluir pela onda do Universo. Assim como a fêmea, na sua receptividade (*Yin*), é fecundada pelo macho (*Yang*), assim também o praticante de TAI CHI CHUAN deve estar receptivo para poder captar a fecundação energética do macrocosmo; a fêmea, na sua receptividade (*Yin*), tem a intenção de ser fecundada (*Yang*), e o macho (*Yang*), não-intencionalmente (*Yin*), a fecunda (*Yang*). Por isso, um praticante de TAI CHI CHUAN deve utilizar sua concentração *intencional* para trazer as energias para dentro de si.

A diferença entre o macho e a fêmea está no fato de que o macho jamais saberá se irá, um dia, fecundar a fêmea, mas a fêmea sempre sabe que será fecundada. Assim, o Céu e a Natureza não têm intenção de alimentar a transmutação (I), mas os alquimistas sempre souberam esperar o momento exato para extrair seu Elixir da Longevidade.

SAO YIN   SAO YANG

Yin e Yang no Corpo
A Consciência é Yang, a Energia é Yin.
A Energia é Yang, o Corpo Físico é Yin.
A Expressão Corporal é Yang, o Corpo Estático é Yin.

A relação consciência-energia-corpo é análoga à relação vapor-água-gelo e o caminho do TAI CHI CHUAN é o TAO do Meio, é a forma da água, a *potencialidade sem forma*. A sabedoria da água é ser imprevisível, adaptável e dinâmica. É no *ponto do meio* que se encontra o equilíbrio dos opostos.

No corpo humano existem três energias: a *Yin*, o *Yang* e o CHUN, que é o andrógino. É a energia única que contém dentro de si as duas potencialidades. A energia CHUN se situa no EIXO do corpo; o *Yang,* na parte posterior; e a *Yin,* na parte anterior do corpo.

Na prática do TAI CHI CHUAN, devemos estar sempre conscientizando o EIXO, para estimularmos e afirmarmos a energia CHUN. Fortalecida a energia CHUN, o *Yin* e o *Yang* estarão, automaticamente, em equilíbrio e abundância.

A Arte do TAO não enfatiza nenhum dos opostos e, sim, *o caminho do centro*, o equilíbrio do *Yin/Yang*.

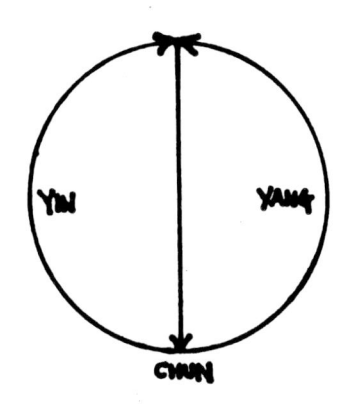

a palavra *centro*
(em chinês)

as três energias do corpo humano

RESUMO

1. *Yin* e *Yang* se opõem.
2. *Yin* e *Yang* se apoiam, um necessitando do outro.
3. *Yin* e *Yang* estão em constante movimento e transformação.
4. Todo *Yin* contém *Yang* em seu interior, e todo *Yang* contém *Yin* em seu interior.
5. Todo *Yin* gera *Yang*, e todo *Yang* gera *Yin*.

V. A ALQUIMIA INTERIOR

O TAI CHI CHUAN é uma expressão corporal e uma arte marcial que derivou do pensamento do TAO e tem seu trabalho interior e energético baseado nos conceitos e técnicas da Alquimia Interior Taoista (NEI-TAN 丹內). A Alquimia Interior ou Alquimia Espiritual é um caminho de reintegração, ou seja, de restauração da integridade do ser. A Alquimia busca a união da vida infinita com a consciência infinita, sendo, por isso, também chamada de *Caminho dos Imortais*, retornando o homem, através dela, à origem do Ser.

Os alquimistas, justamente por terem uma visão de *união* dos opostos, jamais levariam sua vida a um extremo, tornando-se, por exemplo, pessoas puramente intelectuais, ignorando a parte física, ou o inverso. Por essa razão, na prática do TAI CHI CHUAN, cada movimento é efetuado com a respiração adequada. A conscientização do movimento e da respiração estimula, de modo automático e ao mesmo tempo, o corpo físico e o energético, para um equilíbrio integral corpo-energia-mente.

Segundo a Alquimia Interior Taoista, o fenômeno da vida humana é dividido em três elementos:
1. CHIN: são as manifestações celulares, as hormonais e qualquer atividade orgânica para a renovação e conservação do corpo físico.
2. CHI: é a energia que anima as nossas células e o nosso corpo físico. É o responsável pela vitalidade do corpo físico e pela capacidade de expressão emocional e mental.
3. SHEN: é a consciência ou espírito, o responsável pela condensação do CHI e pela formação do corpo.

Esses três elementos necessitam uns dos outros; para os alquimistas, a doença, o desequilíbrio do homem, deve-se justamente à desintegração e à queda de qualidade dos mesmos. A obra da Alquimia, na sua primeira etapa, seria exatamente a refusão e harmonização dos três.

O conceito da reintegração da Alquimia é fundamental para que o TAI CHI CHUAN se torne uma arte holística e para que as características e experiências da Alquimia passem a brilhar em cada gesto e em cada momento do TAI CHI CHUAN.

Para uma melhor compreensão, ainda, da atuação da Alquimia no TAI CHI CHUAN, devemos analisar o trecho, a seguir, do *Tratado do Mistério da Compreensão Interior* ("Yu-Huan Shin-Inn Miao Ching"), a obra fundamental da Alquimia Taoista:

A Suprema Matéria-Prima tem três categorias,
São SHEN, CHI E CHIN
Entorpecido, Silencioso e Invisível
Resguardar o Não-ser e permanecer no Ser
Assim, em um quarto de hora, estará a obra concluída.

A Suprema Matéria-Prima...

Refere-se à matéria ainda a ser condensada e transmutada, que é constituída pelo nosso SHEN (*consciência*), pelo nosso CHI (*energia*) e pelo nosso CHIN (*organismo*). O processo de condensação desses é, no TAI CHI CHUAN, feito da seguinte maneira: estimulamos o organismo através dos movimentos leves e cautelosos, pois os movimentos violentos e tensos apenas irão agredir o ritmo natural da renovação; junto com o movimento, introduzimos a *concentração energética* no centro energético (TAN-TIEN), através da respiração abdominal natural e da concentração mental. Assim, o SHEN, o CHI e o CHIN irão se unir em um mesmo centro (no TAN-TIEN).

Três Categorias...

Na prática da Alquimia, dentre os três elementos, haveria sempre um deles como *regente* dos outros dois:

– A Obra que utiliza CHIN para receber CHI e SHEN é chamada de *Alquimia Inferior*. Seus efeitos iniciam-se no corpo e concluem-se na consciência.

– A Obra que está fundamentada na concentração e sutilização do CHI provoca, em consequência, a abertura da consciência e a transformação do corpo, tendo o CHI como centralizador do CHIN e do SHEN. Isto é considerado *Alquimia Intermediária*.

– A Obra que é regida com a concentração e o esvaziamento da mente, que permite à consciência penetrar no fenômeno energético e físico e conduzir as formas físicas e a fluidez energética a um nível metafísico, é chamada de *Alquimia Superior*.

Na prática do TAI CHI CHUAN, os três elementos são igualmente estimulados, isto é, como se fosse uma orquestra sinfônica, o SHEN é o *regente*, o CHI são os *músicos*, e o CHIN são os *instrumentos*. A união dos três produziria a *música*.

Entorpecido, Silencioso e Invisível...
Refere-se ao estado que devemos alcançar e no qual deveríamos atuar.

Na concepção taoísta, não existe distinção entre o estarmos *acordados* e o estarmos *sonhando*: ambos não passam de *ilusão*. Estarmos sonhando ou acordados são duas faces de uma mesma coisa. O sonhar é a ilusão do acordado e o acordado é a ilusão do sonhar.

Entorpecido...
Refere-se ao estado intermediário entre o acordado e o adormecido, ou seja, depois da *lucidez* (o sonho de *cá*) e antes do sonho (a lucidez de *lá*). É justamente nesse estado que teremos a possibilidade de abrirmos o portal da libertação para o Universo real. Na Alquimia, essa oportunidade é chamada de SHUEN-KUAN (*o Portal Negro*).

Para se referir à importância de encontrarmos esse *portal do meio*, Chuang-Tsé, grande filósofo e imortal taoísta, escreveu:

"Não se nasce da Vida para a Morte
Não se morre da Morte para a Vida."

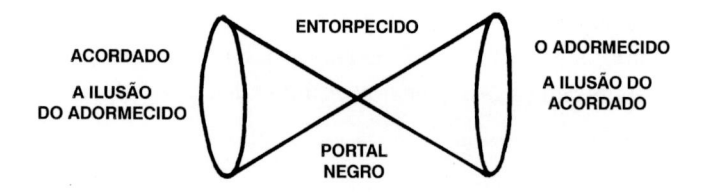

```
         ENTORPECIDO
ACORDADO                    O ADORMECIDO
 A ILUSÃO                    A ILUSÃO DO
DO ADORMECIDO                 ACORDADO
          PORTAL
          NEGRO
```

Na prática do TAI CHI CHUAN, deveríamos tentar trazer a atuação para o estado de "entorpecido", para podermos penetrar no *universo do silêncio* (sem diálogos interiores nem exteriores). Quando conseguirmos alcançar o silêncio, as vibrações se tornarão impossíveis de serem captadas, e nos tornaremos, então, o *invisível*, ou seja, estaremos presentes fisicamente no mundo, mas incapazes de sermos distinguidos pelos outros. Isto é a *transparência* do ser.

Resguardar o Não-ser e permanecer no Ser...

Refere-se ao conceito de *ser* e *não-ser*, ou seja, atuarmos nas coisas de forma desapegada. Vivermos e usufruirmos dos movimentos da vida sem sermos escravos destes. No TAI CHI CHUAN, como na Arte Marcial, seria a ação sem agressão, concentração sem obsessão, relaxamento sem amolecimento...

Assim, em um quarto de hora, estará a Obra concluída...

Uma hora significa 360 graus, um quarto de hora seriam 90 graus. O nove é o número do *supremo ativo* (Tai-Yang), segundo a numerologia do I CHING, correspondendo à união do *fogo* com a *água*:

```
  ═ ═         ─ ─       ─ ─
  ───    +    ───   =   ─ ─         │
  ───         ─ ─       ───     ────┼────
  ═ ═         ───       ─ ─         │ 1/4 = 90°
  FOGO        ÁGUA      CHI-CHI     │
                        HEXAGRAMA 42
```

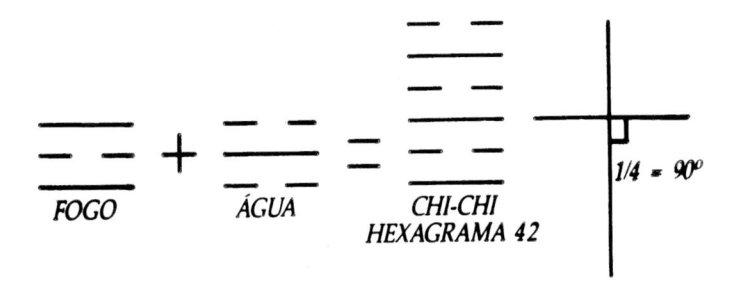

A união do *fogo* com a *água* significa a união dos opostos: o fogo é a *consciência*, a água é a *energia*. O fogo sob a água gera o *vapor*: é a transmutação. O caldeirão é o *TAN-TIEN*, que, no I CHING, é representado pelo hexagrama 42[5], "CHI-CHI" (após a *CONCLUSÃO*).

---

[5] Este número de hexagrama refere-se à numeração segundo o I CHING Taoista. No caso do I CHING CONFUCIONISTA, que representa a maior parte das versões do I CHING conhecidas no Ocidente, esse hexagrama corresponde ao número 63.

Dessa forma, como praticantes do TAI CHI CHUAN, deveríamos sempre manter a consciência no baixo abdome (TAN-TIEN), para podermos transmutar as energias, aumentando e desenvolvendo a qualidade e a quantidade dessas energias.

RESUMO

O conceito e a prática de Alquimia no TAI CHI CHUAN, segundo as frases anteriormente analisadas, fundamentam-se, então, na importância dos seguintes itens:
1. União do CHIN, do CHI e do SHEN.
2. Interiorização até o estado de entorpecimento, silêncio e transparência.
3. Descontração e relaxamento.
4. Manutenção do centro energético (TAN-TIEN) como o ponto central do trabalho, para encontrarmos a concentração e a transformação.

No trabalho do TAI CHI CHUAN, a parte energética é de extrema importância, pois o CHI é exatamente o elemento do meio, que se liga ao SHEN e ao CHIN. É o ponto de equilíbrio entre o corpo e a mente.

Para que possamos, então, ter uma compreensão ainda mais precisa acerca da estrutura do sistema energético, devemos, mais uma vez, acompanhar o texto de Alquimia "Tratado do Mistério da Compreensão Interior", que diz, em outra passagem:

> "Nas três categorias, há uma razão
> Incrível e inexplicável
> Ao concentrar, torna-se o ser
> Ao diluir, torna-se o zero
> Há sete orifícios interligados
> E todos são luminosos"

No corpo humano, o sistema energético é formado pelos seguintes elementos:
1. Centros energéticos
2. Vasos energéticos
3. Meridianos
4. Submeridianos
5. Meridianos flutuantes

1. *Centros Energéticos*

A nível físico, acham-se situados no interior do corpo, no EIXO. São *lagos* de energia. São sete centros alinhados e interligados ("Há sete orifícios interligados...") e as energias aí concentradas e conservadas são andróginas. Esses locais são utilizados pelos alquimistas como *caldeirões* para a Obra.

Nos textos de Alquimia, são denominados de CHIAO ("orifícios"), pois são como *portais* que permitem a passagem das energias. São como que pequenos orifícios em uma parede, os quais permitem a passagem da luz em forma de um raio luminoso. Para muitos mestres, CHIAO é também considerado como o *Ponto de Luz* ("E todos são luminosos").

O nível de aproveitamento consciente dos centros energéticos depende de cada um. A percepção dos efeitos e fenômenos da atividade energética no corpo sensorial depende do nível e da intensidade da concentração. Para um praticante assíduo, o tempo de dedicação fará com que os centros passem a atuar em intensidade e o indivíduo poderá, aos poucos, vir a sentir o calor, o movimento da energia no interior do corpo, percebendo, até mesmo, as irradiações luminosas do seu centro. Então, os centros se tornarão perceptíveis de maneira concreta ("Ao concentrar, torna-se o ser..."), mas, para o leigo ou para o praticante menos assíduo ou mal treinado, suas energias estariam mais diluídas e dificilmente ocorreriam tais efeitos ("Ao diluir, torna-se o zero...").

2. *Vasos Energéticos*

São canais de energia em maior escala, situando-se no interior do tronco e dos membros, no corpo humano. Os vasos acham-se diretamente ligados aos centros energéticos e neles circulam os três tipos de energia: a *Yin*, a *Yang* e o CHUN (energia andrógina). A energia CHUN é a *energia original*, de onde nasce a energia *Yin* e a energia *Yang*, e é a energia que devemos estimular, para podermos enriquecer o *Yin* e o *Yang*. O fortalecimento da energia CHUN traz o equilíbrio das polaridades.

É fundamental compreendermos que não devemos valorizar mais o *Yang* ou o *Yin*, ou estimular, preferencialmente, um ou outro, pois a Harmonia e a Iluminação do homem se baseiam na energia do EIXO, o CHUN.

CHUN significa "libertação" ou "despertar" e é representado pelo ideograma em que (⋛) representa *água, a vitalidade sem forma*, e (󰗕) "centro", "meio", representa um eixo que atravessa um círculo (󰗖). É a libertação do estado de limitação. Os sete orifícios interligados são unidos exatamente por meio desse vaso CHUN, que se situa no EIXO do corpo. Por essa razão é que, na prática do TAI CHI CHUAN, é fundamental a conscientização do EIXO.

Os vasos são em número de oito, com dois estendendo-se através dos braços e outros dois estendendo-se através das pernas; os outros quatro estendem-se pelo tronco e, dentre todos, são os mais importantes para os praticantes de TAI CHI CHUAN.

Os quatro vasos do tronco são:
1. Vaso do Despertar (CHUN-MAI), no EIXO
2. Vaso Governador (TU-MAI), na coluna vertebral
3. Vaso da Concepção (ZEN-MAI), na linha média anterior do corpo
4. Vaso da Cintura (DAI-MAI), na cintura

O vaso da cintura é o regulador das energias *Yin* (ZEN-MAI) e *Yang* (TU-MAI). Por essa razão, é importante, no TAI CHI CHUAN, o trabalho de relaxamento, conscientização, coordenação de movimento e energização na região da cintura.

ZEN-MAI

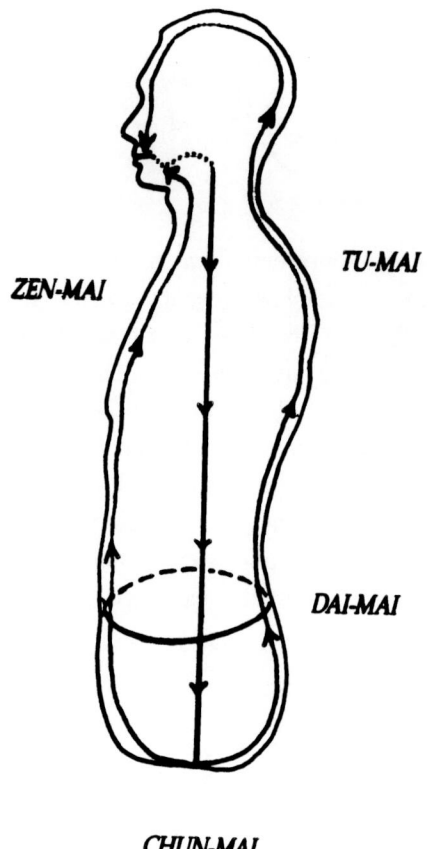

TU-MAI

DAI-MAI

CHUN-MAI

3. *Meridianos* (CHIEN)

Situam-se entre os músculos e o tecido da pele. São em número de 12 e, a cada duas horas do dia, um deles se encontra em maior atividade, perfazendo, assim, um ciclo de energia diário. Os 12 meridianos são utilizados nas práticas de acupuntura e massagem, para o tratamento de doenças, pois esses fazem a ligação com os órgãos internos do homem.

4. *Submeridianos* (LUO)

São pequenos canais de interligação dos meridianos.

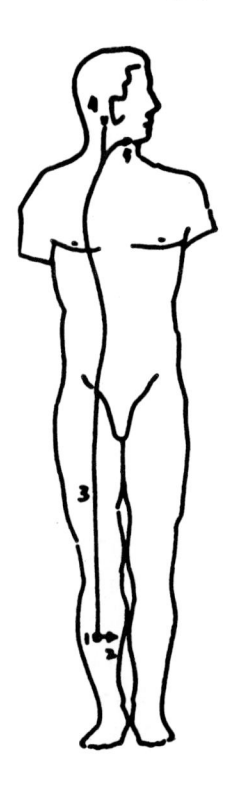

5. *Meridianos Flutuantes* (FU-LUO)

São milhares de pequenos canais de energia que se espalham fora do corpo, com inúmeros fachos de luz, comumente chamados de *aura humana*. Sua função é a de bloquear ou assimilar as energias do meio ambiente. São raios de contato energético.

CONCLUSÃO

Os trabalhos energéticos podem atuar em níveis diferentes. Quanto mais elevado o grau de consciência no trabalho das práticas de transmutação, mais sutis e luminosas serão as manifestações energéticas.

Com os centros estimulados, os praticantes terão automaticamente alargados os vasos, os meridianos, submeridianos e meridianos flutuantes. Aumentam, assim, a energia interior e ampliam o contato exterior no nível do CHI, além de criarem uma maior capacidade imunológica. Por essa razão, em suma, a união da mente, respiração e movimento é a chave para abrir o portal do desenvolvimento do TAI CHI CHUAN.

VI. CHI-KUN

Através da concentração, da respiração e do movimento consciente, o TAI CHI CHUAN desenvolve os canais energéticos, os centros energéticos e o campo energético do homem. CHI-KUN é o termo utilizado para designar tais exercícios respiratórios e energéticos.

O CHI-KUN é derivado da Alquimia Taoista e foi introduzido em diversas artes marciais e na Medicina oriental como prática preventiva e curativa.

A palavra CHI pode ser traduzida de três maneiras: *sopro, ar* e *energia*. O termo *sopro* tem, em si, os sentidos de *sopro de ar* e *sopro vital*.

A palavra KUN significa *exercício* ou *treinamento*.

Pela união dessas duas palavras, podemos concluir que CHI-KUN pode ser traduzido por *exercício respiratório* e *energético*, ou seja, um exercício respiratório que estimula a estrutura energética. Com tal exercício, são desenvolvidos os centros, os canais e o campo energético.

O CHI-KUN é uma prática que vem sendo experimentada por mais de cinco mil anos e sua origem encontra-se registrada no NEI-CHING (O Tratado Interior), o primeiro texto da Medicina Chinesa, da autoria de Huang-Ti (o Imperador Amarelo), publicado no Brasil sob o título *O Livro de Ouro da Medicina Chinesa*.

No TAI CHI CHUAN, é fundamental a compreensão de que a respiração, o movimento e a consciência são três elementos de uma única realidade e que qualquer desconexão entre os três causa, de maneira automática, a desarmonia psicofísico-energética. Por essa razão, o CHI-KUN é amplamente empregado no TAI CHI CHUAN e em inúmeras outras práticas corporais. Dentre as escolas dessas práticas, as que visam essa integração são denominadas de *Estilo Interno*: o TAI CHI CHUAN é uma arte marcial do *estilo interno*.

TIPOS E OBJETIVOS

Existem três tipos de CHI-KUN, com diferentes finalidades:
1. CHI-KUN para Arte Marcial
2. CHI-KUN Terapêutico
3. CHI-KUN para Arte Marcial com Finalidade Terapêutica

1. *CHI-KUN para Arte Marcial*

Baseia-se no fato de que o corpo *físico* tem limites, enquanto que o corpo *energético*, não. O desenvolvimento físico atinge um ponto máximo, mas o desenvolvimento energético pode estender-se infinitamente. Em nosso mundo, o CHI está por toda parte, não havendo diferença entre as energias das diversas coisas ou das diversas pessoas, exceto quanto ao nível de *dinamização*. Uma vez deixado de lado o *ego*, a consciência da forma perde sua base, não havendo mais diferença entre as energias das pessoas. Dessa forma, o desenvolvimento da integração físico-energética torna mais poderoso o guerreiro.

Na Arte Marcial, um golpe lançado com a força física e a força energética integradas atuaria tanto no nível físico quanto no energético do adversário. Um bom domínio do CHI proporciona ao guerreiro autoconfiança e domínio psicológico, dando-lhe a vantagem de poder desestruturar a proteção psicológica do adversário antes mesmo de atingi-lo fisicamente. Por essa razão, a vitória de um autêntico guerreiro se firma antes de confronto físico. Para isso, durante o aprendizado do guerreiro, é introduzida uma série de treinamentos de concentração, respiração e de projeção mental.

Normalmente, o CHI-KUN orientado para as artes marciais apresenta as seguintes propriedades:

1. Fortalecimento dos músculos e ossos
2. Desenvolvimento do poder de atenção
3. Aumento do poder de regeneração física e psíquica
4. Aumento da capacidade de percepção intuitiva para uma melhor adaptação ao ambiente

O aumento do poder de regeneração física e psíquica do indivíduo se faz através de uma natural dinamização energética que se processa por todo o corpo e a mente.

Os CHI-KUN da arte marcial, entretanto, nem sempre são benéficos para o corpo humano, podendo, inclusive, afetar a parte mental e/ou a parte física, tornando o praticante agressivo ou desequilibrado. Por outro lado, existem CHI-KUN que são conflitantes. Isso ocorre quando o desenvolvimento de um entra em choque com o desenvolvimento de outro.

A nível técnico, um mestre que domina o CHI pode utilizar dois caminhos para desestabilizar a força e a energia do adversário: *agredindo* (expansão e lançamento do CHI) ou *absorvendo* (recolhimento e extração do CHI). As técnicas de CHI-KUN para a Arte Marcial são consideradas "segredo". Não são reveladas pelos mestres, senão pela via iniciática. Envolvem, portanto, misticismo, manipulação e liberação de energias vitais, que podem colocar em risco a integridade física e psíquica do indivíduo.

2. *CHI-KUN Terapêutico*

Todo CHI-KUN com fins terapêuticos tem a função de equilibrar corpo, mente e emoção. Qualquer distúrbio físico, pressão emocional ou mental causa a formação de congestionamentos energéticos que trazem mal-estar e provocam, ainda, reciclagem de tal congestionamento, mesmo após o aparente alívio do problema. Forma-se, então, um ciclo vicioso. Para a prevenção e o tratamento desse desequilíbrio, é importante que se tenha uma conduta energética: daí a função do CHI-KUN.

Normalmente, o CHI-KUN terapêutico é mais suave e as técnicas são mais sutis em relação ao CHI-KUN das artes marciais. As respirações são mais profundas e mais leves, e a concentração não é demasiado tensa. Os movimentos são mais lentos e relaxados e, algumas vezes, são aplicados conjuntamente com a Fitoterapia Chinesa, para casos de tratamento.

3. *CHI-KUN para Arte Marcial com Finalidade Terapêutica*

Trata-se dos CHI-KUN utilizados nas artes marciais e que apresentam efeitos terapêuticos. Nesse caso, jamais ultrapassam o conceito de equilíbrio. É o caso dos CHI-KUN empregados no TAI CHI CHUAN. São utilizados para harmonizar e atenuar o sentimento de brutalidade na arte marcial, fazendo também com que a Arte Marcial não seja mais um setor isolado da vida quotidiana e também da terapia de manutenção do corpo humano. Trata-se de uma visão mais integral, holística.

NÍVEIS DE ATUAÇÃO

De forma sintética, podemos reunir, em termos técnicos, o CHI-KUN em dois tipos, os quais atuam em níveis diferentes:

1) *TU-NA CHI-KUN*: TU significa *expirar* e NA significa *inspirar*. Trata-se de exercícios respiratórios sem grandes preocupações em relação aos canais de energia. Atua sobre os sistemas respiratório e digestivo, expelindo e absorvendo o ar do interior do corpo. Trabalha principalmente com os movimentos do diafragma e com a dilatação-retenção muscular do abdome, em conjunto com a respiração. Tem efeito de oxigenar, energizar e purificar todo o corpo, além de estimular uma maior capacidade respiratória e digestiva.

Exemplo: Ao acordar, vamos sentar na cama ou no chão, com as pernas esticadas e o tronco ereto. Colocamos então as mãos na barriga, pressionando levemente, retesando gradualmente a musculatura do abdome e expirando pela boca, ao mesmo tempo que inclinamos o corpo para a frente até um ângulo de 45 graus. Em seguida, inspiramos novamente, pelo nariz, em uma respiração profunda, enchendo, em primeiro lugar, a parte abaixo do diafragma e, posteriormente, o restante, dilatando a musculatura do abdome e abrindo a caixa torácica. Simultaneamente, inclinamos o corpo para trás, até um ângulo de 45 graus, com os braços apoiados no chão. No caso de necessidade de tonificação, repetimos o exercício várias vezes, sempre em números ímpares de vezes. Para aqueles que necessitam de se sedarem energeticamente, o exercício deve ser repetido em números pares de vezes.

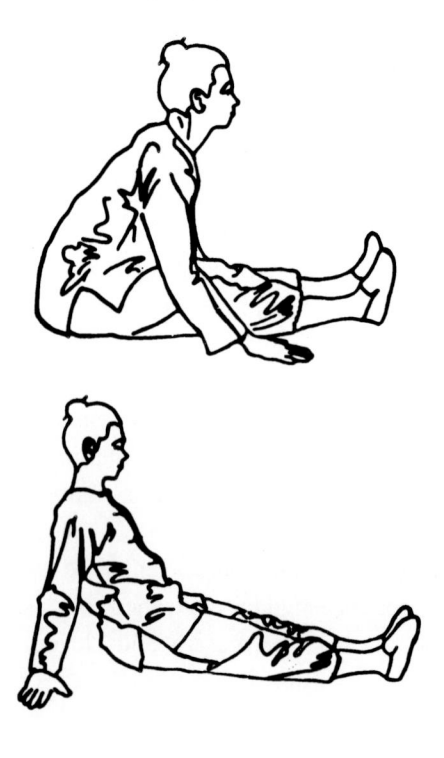

2) *TAO-IN CHI-KUN*: TAO significa *canalizar* e IN significa *conduzir*. São exercícios que visam à manutenção, purificação e desbloqueio das energias nos canais de CHI. Normalmente, não exigem a manipulação de grandes quantidades de ar durante a respiração. São exercícios mais sutis. Em geral, são utilizadas três maneiras de canalização do CHI:

a) Condução mental: mentalizam-se energias percorrendo determinados caminhos (meridianos ou vasos) no corpo.

b) Massagem: massageia-se uma parte do corpo e, depois, efetua-se a técnica respiratória. Isso conduz a energia para essa parte.

c) Pancadas: pancadas leves em partes do corpo exercem efeito de dinamização de energia para tais partes.

Ambos os tipos de CHI-KUN (TU-NA e TAO-IN) são utilizados nas *práticas de apoio* do TAI CHI CHUAN. Não obstante, é importante lembrar que, durante a sequência de movimentos, é utilizada apenas a centralização de energia no TAN-TIEN (Centro Alquímico), situado no eixo, quatro dedos abaixo do umbigo, com respiração suave e profunda.

MÉTODOS DE MANIPULAÇÃO

Existem, basicamente, duas maneiras de manipularmos o CHI do nosso corpo: a primeira é através de sequências de movimentos, e a outra é através de posturas estáticas. No primeiro caso, existem muitos tipos de sequência, sendo que a própria sequência do TAI CHI CHUAN pode ser considerada como uma das sequências de CHI-KUN.

Os CHI-KUN de postura estática são utilizados pelos mestres de TAI CHI CHUAN também como exercícios básicos e, nesse caso, é necessário que se tenha atenção nos seguintes pontos:

1. *Postura do Tronco*

O tronco é onde estão situados os principais centros e vasos energéticos, e a sua postura deve ser *linear*, estando o corpo alinhado com o EIXO. Assim, as polaridades energéticas ficam equilibradas, de modo automático.

No corpo, a parte anterior é regida por um canal de energia *Yin*, e a parte posterior é regida por um canal de energia *Yang*. Durante a prática do CHI-KUN, a inclinação do corpo para trás pode estimular mais o *Yang* do que o *Yin*. Já que o TAO do TAI CHI CHUAN é o caminho do centro, as posturas devem ser lineares.

2. *Posicionamento dos Pés*

Os pés devem estar paralelos ou virados para dentro (45º), com os joelhos flexionados:
 a) pés paralelos: joelhos flexionados e alinhados na direção da ponta dos pés, quadril encaixado para a frente (para evitar lordose). Com respiração profunda e mentalização determinada, podemos estimular, liberar e fortalecer as energias provenientes do TAN-TIEN;
 b) pés virados para dentro (45º): joelhos flexionados e alinhados na direção da ponta dos pés, a região sacrofemural se abre. Com respiração profunda e mentalização determinada, podemos libertar as energias primitivas que se acham concentradas no sacro.

O sacro, em chinês, chama-se SHIEN-KU (*o Osso Imortal*). Nele, existe grande quantidade de energias estagnadas que, uma vez liberadas ou bem-aproveitadas, podem aumentar a capacidade física e a percepção instintiva. Nas práticas de apoio do TAI CHI CHUAN, normalmente se emprega o posicionamento dos pés paralelos.

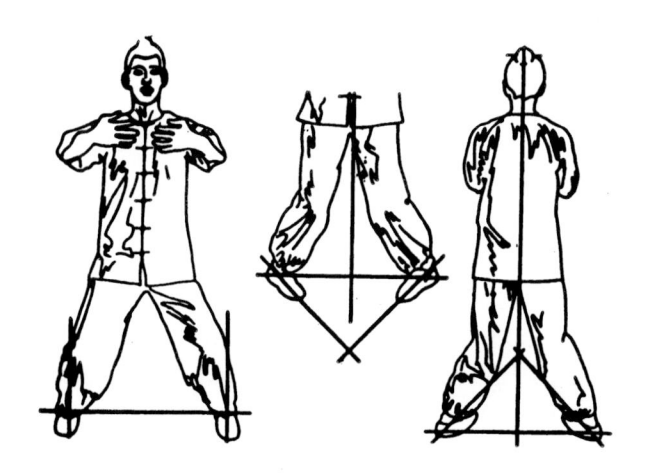

3. *Musculaturas*

Durante a prática do TAI CHI CHUAN, nossa musculatura pode se apresentar em três estados: o relaxado, o expandido e o contraído.

a) Relaxado: quando a respiração é suave e profunda, as energias circulam nos canais sem sofrerem bloqueios. As musculaturas se mostram relaxadas;
b) Expandido: quando a respiração é mais forte, as

energias e a circulação sanguínea se expandem, com as musculaturas relaxadas e dilatadas;
c) Contraído: quando a concentração energética é feita com tensão interior, isto provoca contração muscular, fazendo o efeito contrário ao da expansão e circulação energética; o efeito é negativo.

O CHI é como se fosse a água: necessita de movimento, não pode ser bloqueado. Qualquer tentativa de restringir o movimento natural de renovação pode trazer o desequilíbrio do corpo e da mente. Por essa razão, o CHI-KUN tem o propósito de *recuperar* a naturalidade do corpo e não o de *construir* um corpo artificial.

4. *Distribuição de Energia e Respiração*

Na prática, a distribuição do CHI pode variar desde a maneira *branda*, sem concentração em ponto algum do corpo, até a *hiperconcentrada*, localizada. Assim, existem três distribuições:

a) Distribuição homogênea: a respiração utilizada é a suave, profunda e completa, energizando suavemente todos os órgãos e centros energéticos.

b) Distribuição estratégica: escolhemos um determinado ponto do corpo como centro de gravidade, fazendo com que todos os outros centros e canais energéticos atuem de acordo com este. A respiração é suave e sem o emprego de mentalização extremada ou obsessiva. Exemplo: a distribuição estratégica com a utilização do TAN-TIEN como centro de gravidade.

c) **Distribuição extremada:** centralização radical, mentalização forte que provoca o fenômeno de "condensação" em alta velocidade. Efeitos rápidos e perigosos.

Pelo conceito do TAI CHI CHUAN, a melhor opção é a *distribuição energética*, vindo em segundo lugar a *distribuição homogênea*. Nunca se deve empregar a *distribuição extremada*.

RESUMO PARA A PRÁTICA

No TAI CHI CHUAN, o desenvolvimento do CHI apresenta as seguintes características:

1. respiração suave e profunda
2. concentração (moderada) no TAN-TIEN
3. pés paralelos, na prática básica (estática), e bem projetados no chão
4. corpo relaxado
5. postura do tronco: alinhado com o EIXO
6. mente concentrada, embora não de forma obsessiva
7. movimentos suaves, com as articulações soltas

VII. OS 13 PONTOS FUNDAMENTAIS

De acordo com Chen Fa-Ker (1887-1957), um dos maiores mestres de TAI CHI CHUAN da Era Moderna, para uma boa atuação na prática do TAI CHI CHUAN é necessária uma atenção em relação a 13 pontos:

1 – Cabeça

1.1 – A cabeça é o regente e a *ponta* das energias *Yang*, pois todos os canais de energia *Yang* do corpo iniciam ou terminam na cabeça (num total de seis meridianos e um vaso), que deve estar ereta e relaxada. A má postura e a tensão na cabeça bloqueiam a energia *Yang* e perturbam a nitidez da percepção e da consciência.

2.1 – O topo da cabeça deve estar voltado para o céu. Isso faz com que as energias fluam sem bloqueios. Quando o topo da cabeça está alinhado com o eixo do corpo, a energia CHUN fica mais desperta, sendo ela a responsável pelo equilíbrio da psique.

1.3 – Com a cabeça ereta, o praticante pode desenvolver as seguintes qualidades:
a) audição mais apurada
b) visão mais aguçada
c) paladar mais sensível
d) percepção e intenção mentais mais claras

2– *Olhar*

2.1 – O olhar deve estar de acordo com a intenção. É o coração que dirige a visão.

2.2 – Os movimentos do corpo devem ser dirigidos pelo coração, que deve estar não-intencionado, em estado de pura consciência.

2.3 – A vista se move de acordo com a mão principal, a que lidera o movimento. Sempre existe uma mão que está dirigindo a totalidade corporal (a "regente da totalidade").

2.4 – A força e a energia da concentração devem estar sobre a mão que está liderando o movimento, sendo o ponto focal o dedo médio.
As palmas devem estar esticadas, sem contração, com as energias ligadas, concentradas nas partes internas das falanges dos cinco dedos.

2.5 – Durante a prática do TAI CHI CHUAN, seja na *sequência* ou no TUI-SHOU, a transferência da visão deve ser rápida.

2.6 – O olhar não deve ser lançado de modo exaustivo ou obsessivo, bem como se deve usar a *intuição* para ampliar a percepção, sem causar a emissão de energias em demasia.

3 – *Ouvido*

3.1 – Devemos sempre estar ouvindo o que está atrás e dos lados. É fundamental mantermos um comportamento de "ouvir atrás".

3.2 – Durante o treinamento a dois ou em grupo, devemos procurar desenvolver a percepção através de "ouvir o movimento do vento": a velocidade do vento revela os movimentos de aproximação ou afastamento de algo.
Se o vento é rápido, reage-se rápido.
Se o vento é lento, reage-se lento.
Se o vento é invisível, reage-se transparente.
O fundamental é nós nos integrarmos com o ambiente e penetrarmos no estado de união com o nosso redor.

3.3– Para o desenvolvimento de uma boa capacidade de audição, devemos ter a respiração suave e o coração tranquilo.

4 – *Nariz e Boca*

4.1 – O nariz e a boca atuam em estado de respiração tranquila. Se tal não estiver ocorrendo, podemos abrir ligeiramente a boca para alívio de qualquer pressão do interior do corpo. Depois de liberada a pressão, tornamos a fechar a boca.

4.2 – A respiração deve estar unificada com a consciência, tendo a consciência, assim, a sensação do estado de contração e dilatação.

4.3 – O nariz é a referência para determinação e projeção da *linha do meio*, definindo, com isso, a questão de esquerda e direita no espaço onde realizamos os movimentos.

5 – *Pescoço*

5.1 – O pescoço deve estar reto e não contraído. Assim, a energia do *canal do meio* (CHUN) é liberada até a parte superior, efetuando uma maior energização do cérebro e, automaticamente, tornando melhores a percepção e a consciência.

Para uma melhor compreensão desse fato, podemos recorrer ao clássico texto da Alquimia Taoista *Quatrocentas Palavras Sobre o Elixir de Ouro*, de autoria do Mestre Imortal Chan Tze Yang:

"A verdadeira Terra é o que controla
o verdadeiro Chumbo
O verdadeiro Chumbo é o que controla
o verdadeiro Mercúrio"

O chumbo e o mercúrio são dois componentes da Alquimia Taoista, sendo que o chumbo representa a manifestação orgânica e o mercúrio representa a consciência.

O *verdadeiro* chumbo é a vitalidade *pura.*

O *verdadeiro* mercúrio é a consciência *pura.*

A vitalidade pura é a energia em estado límpido

e não-poluído nem condicionado por pensamentos e/ou sentimentos.
A consciência pura é a absoluta transparência interior, sem palavras, formas, ideias ou intenções.

"O verdadeiro chumbo que controla o verdadeiro mercúrio" significa mergulhar a consciência pura dentro da vitalidade pura, ou seja, a fusão dos dois em um caldeirão alquímico, realizando, assim, a união do *Yin* (chumbo) com o *Yang* (mercúrio).

A verdadeira Terra é o próprio caldeirão. A Terra tem sentido de *Forma*, mas a verdadeira Terra é *Sem-Forma*. O elemento Terra, na "Teoria das Cinco Vias" (WU-SHIN), corresponde ao *Centro*, enquanto que outros quatro elementos correspondem aos quatro cantos do Universo.

A realização da fusão da vitalidade pura com a consciência pura, em um centro sem forma, traz o alicerce da Alquimia. Essa Alquimia visa a um fruto: o Elixir de Ouro, que significa o estado de vida e consciência unidas e infinitas.

Essa verdadeira Terra pode ser encontrada no nível do ABSOLUTO até no nível mais próximo do físico. Para as escolas de Alquimia Inferior, seu ponto de correspondência está no NIVAN, que se situa no cérebro, havendo, por isso, uma importância fundamental em mantermos o pescoço ereto e relaxado, para que a região do cérebro possa receber uma boa quantidade de energias de boa qualidade.

Como a arte do TAI CHI CHUAN foi criada por alquimistas taoistas da Antiguidade, é de importância fundamental a compreensão desses pequenos detalhes por aqueles que buscam uma realização mais profunda no TAI CHI CHUAN.

5.2 – O pescoço deve estar solto para que a cabeça possa girar com facilidade.

6 – *Braços*

6.1 – As energias e a atenção devem estar posicionadas na palma da mão. Esta não deve estar totalmente relaxada nem estar muito esticada.

6.2 – No decorrer da sequência, quando o braço estiver em um movimento ascendente, a base, o quadril e a cintura devem ser abaixados.

6.3 – Quando a metade superior do corpo e os braços estiverem em movimento, as pernas não podem estar rígidas, devendo haver um sincronismo nos movimentos de duas partes do corpo. Deve haver *vida* em cima e embaixo, com a consciência nas duas partes.

6.4 – Quando círculos estão sendo feitos com as mãos, estes não podem ser efetuados isoladamente em relação ao resto do corpo. O movimento é sempre da totalidade, embora a liderança seja de uma determinada parte.

6.5 – Durante o exercício, as energias chegam à ponta dos dedos da mão. Com as mãos macias e não contraídas, os praticantes podem ter a sensação da energia se intensificando. No final do exercício, as energias serão recolhidas para o seu centro.

6.6 – Nunca deve ser esquecida a relação entre o dedo médio e a linha do meio: isso faz com que a energia do eixo seja mais precisa e ligada.

7 – *Punho* – Sendo o TAI CHI CHUAN uma arte marcial, o posicionamento do punho (soco) é muito importante. Assim:

7.1 – Quando se lança a mão em um soco, esta sempre sai aberta e irá se fechando gradualmente até o momento imediatamente antes do impacto, devendo a *dinamização* total da força explodir apenas no momento do impacto.

7.2 – No TAI CHI CHUAN, o soco é dado com a força do cotovelo, do ombro e das costas.

7.3 – No momento do impacto, a relação entre as forças da base (pernas) e dos braços, no movimento, se efetua pelo alinhamento de forças via calcanhar-coxa-quadril-coluna-ombro-mão.

7.4 – As energias do TAN-TIEN descem e, em seguida, contornam o quadril, passam à volta das nádegas, subindo, em seguida, pelo cóccix e pela coluna, até o topo da cabeça, descendo, depois, pela nuca e indo para as mãos.

7.5 – Ao se lançarem a força e a energia, não se deve exagerar na expressão, devendo ser a ação efetuada de forma discreta e sutil.

8 – *Abdome*
8.1 – A força na cintura deve *afundar* para baixo.
8.2 – A força na lombar deve estar *fechada* para dentro, contornando a cintura até o abdome.
8.3 – A respiração deve ser profunda e suave. Com o passar do tempo, o praticante pode sentir um calor, até mesmo forte, no ventre ou nos rins.

9 – *Coluna Lombar e Cintura*
9.1 – A cintura é a divisa entre as partes inferior e superior do corpo, não podendo, por isso, estar contraída ou frouxa.
9.2 – Toda vez que, durante o movimento, a cintura gira, o mesmo acontece com a parte superior. A liderança é sempre da cintura.
9.3 – A ausência de tensão na cintura facilitará a concentração de energia no TAN-TIEN.
9.4 – Devemos ter consciência da linha imaginária que liga, no sentido horizontal, o umbigo à sua projeção na coluna vertebral. Esta linha é a *referência* de equilíbrio corporal. No seu cruzamento com o EIXO, encontramos o ponto central de estabilidade para os movimentos.

10 – *Coluna Dorsal e Costas*

10.1 – A coluna deve ser sentida conscientemente durante os exercícios de relaxamento e aquecimento.

10.2 – Todas as vértebras devem estar relaxadas. Após um longo tempo de prática com relaxamento e conscientização, passamos a dispor da capacidade de movimentar todas as vértebras, durante a sequência do TAI CHI CHUAN.

10.3 – As energias da coluna devem se distribuir horizontalmente para os dois lados. Devemos procurar jamais exercer alguma força de contração das costas para o centro, onde se situa a coluna.

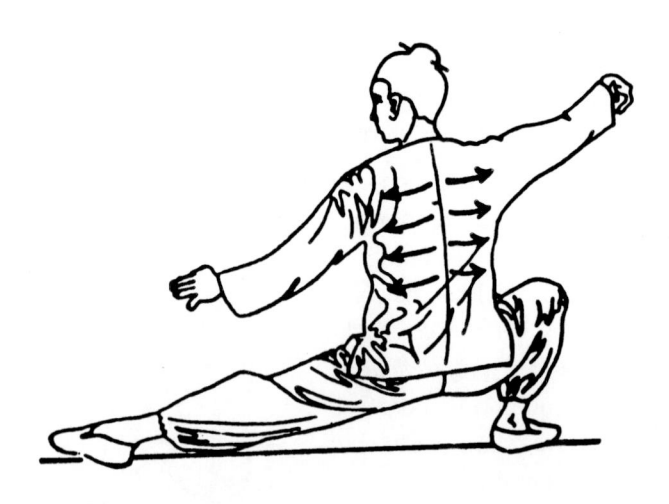

11 – *Quadril e Coxa*

11.1 – O termo "coxa" refere-se apenas à parte interna (a parte próxima à genitália) e não à perna inteira. Essa parte deve posicionar-se de forma a permitir a formação de um *círculo* e não de modo a ficar comprimida.

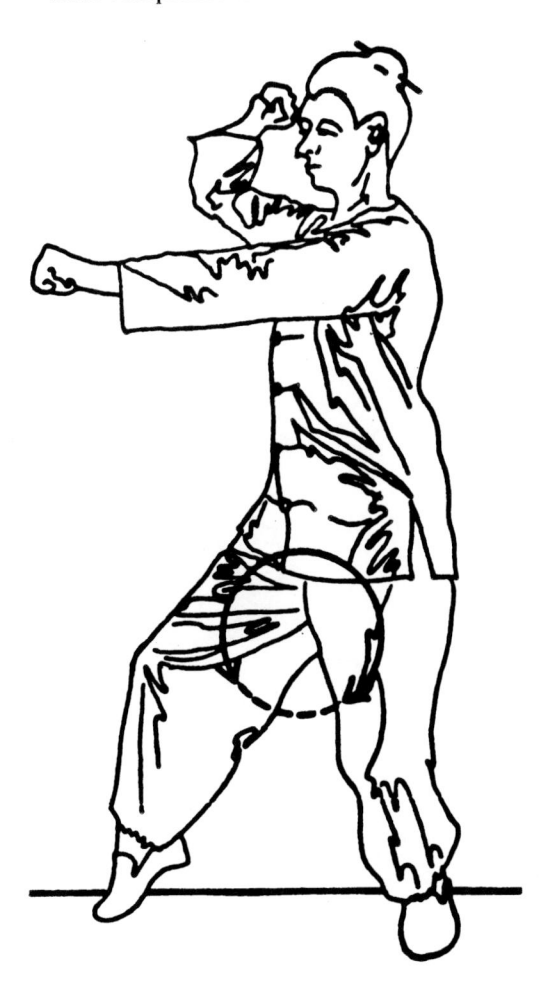

11.2 – As raízes das coxas (as articulações coxofemorais) devem ficar paralelas, devido ao alinhamento pé-joelho-coxa, com os pés paralelos. As raízes das coxas, abertas, facilitam o aprofundamento de energias.

11.3 – A região do fêmur, cóccix e sacro, se bem energizada, traz uma sensação de formigamento.

11.4 – O ânus deve estar levemente contraído, para que as energias subam do TAN-TIEN.

11.5 – O cóccix deve estar levemente ressaltado (saliente).

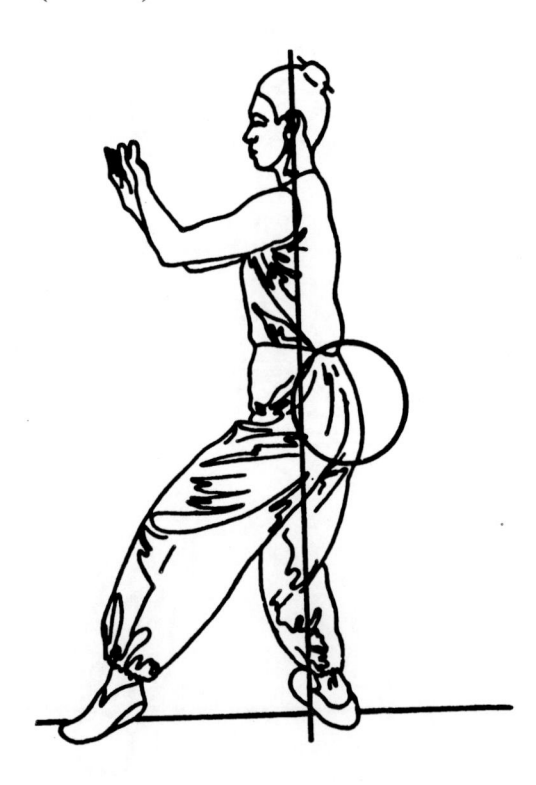

12 – Pernas e Pés

12.1 – Durante o movimento, a base deve estar firme, sem balanço do corpo. Devemos evitar rigidez nas pernas e procurar sempre o pisar consciente.

12.2 – Durante o movimento, devemos procurar manter uma sincronia nas transferências de peso entre as duas pernas.

12.3 – Quando pisamos no chão, as solas dos pés devem estar bem plantadas e devemos procurar não contrair a região entre o primeiro e o segundo terços do pé.

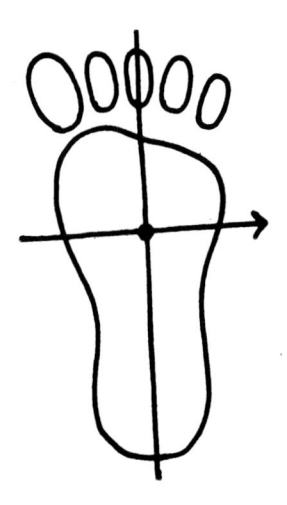

Ponto 1 do Meridiano dos Rins: é responsável pelo equilíbrio da polaridade Yin, sendo um ponto de captação de energia.

12.4 – O movimento da mão é sempre sincronizado com o movimento do pé, e apenas ao final do movimento da mão é que estamos com o peso inteiramente sobre o pé com o qual estamos pisando. O pé só estará inteiramente plantado quando o lançamento da força chegar ao seu final.

12.5 – De preferência, os movimentos da perna devem ser mais circulares, em vez de movimentos totalmente lineares. Até mesmo a perna que ficou parada durante determinado tempo deve se mover suave e discretamente em círculo.

12.6 – Depois de um bom tempo de desenvolvimento no TAI CHI CHUAN, podemos passar a sentir as energias fluindo até a sola dos pés, surgindo, então, uma sensação de pulsação.

12.7 – Ao se dar o primeiro passo, devemos chegar em primeiro lugar com o calcanhar. As forças nunca devem ser colocadas totalmente de imediato. Não tendo a mão chegado ao seu objetivo, também o pé não deve alcançá-lo.

13 – *Articulações*

13.1 – Todas as articulações devem estar soltas.

13.2 – É necessário haver uma sincronia nos movimentos de abertura ou fechamento de articulações, entre mão e pé, joelho e cotovelo, ombro e quadril, lado direito em relação ao esquerdo, as partes de baixo e de cima do corpo.

13.3 – As articulações (em especial) devem estar assentadas umas sobre as outras, com alinhamento entre os ossos, e encaixadas. Se isso não ocorrer, o praticante poderá sofrer danos nas articulações e nos membros envolvidos.

13.4 – Quando as energias se acham bem trabalhadas, as tensões das articulações se diluem automaticamente.

13.5 – As articulações são semelhantes aos nós do bambu: uma vez contraídas, impedem a circulação de energia.

VIII. A INTEGRAÇÃO DO MOVIMENTO

A cosmovisão do TAO é a da Unidade que traz em si a Dualidade; é o TAI CHI (Androginia), que guarda em si o LIAN-YI (Antagonismo).

No universo formal, todas as coisas são constituídas por dois princípios ou energias: o *Yang* e a *Yin*. Nesse universo, tudo se acha em constante movimento, através dos estímulos e transformações entre os opostos.

Os movimentos do *Yang* e da *Yin* são efetuados segundo um ciclo. Nesse ciclo de movimento, o que é *Yang* sempre passará a viver seu momento *Yin*, e vice-versa.

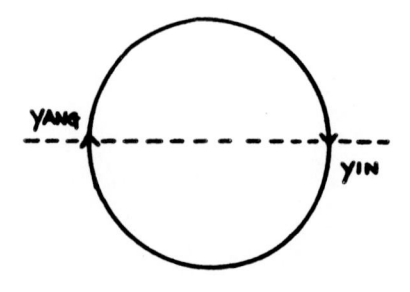

Da mesma forma, o melhor para estimularmos o *Yang* é a *Yin*, e vice-versa. É o que oferecemos ao propiciarmos a abertura para qualquer um dos dois: ser um estimulado pelo outro, não por ser o seu contrário, mas, sim, pelo que há em comum, o comum que se encontra entre a *forma exterior* e a *essência interior* dos dois. Em outras palavras, o *Yang* tem na sua essência uma *Yin* que se acha em sintonia com a forma *Yin* demonstrada pelo seu oposto, e *Yin* tem na sua essência um *Yang* que se acha em sintonia com a forma *Yang* demonstrada pelo seu oposto.

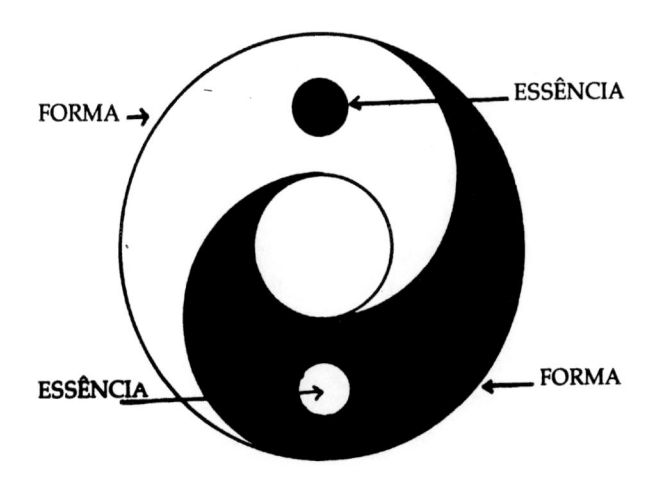

Dessa forma, também podemos dizer, de maneira sintética, que dentro da *Yin* haverá sempre o *Yang*, e dentro do *Yang* haverá sempre a *Yin*.

Na Arte do TAI CHI CHUAN, essa relação *Yin-Yang* se encontra por toda parte: nos movimentos, nas formas, nas partes do corpo, nas respirações, na relação entre mente e emoção e na relação entre emoção e corpo, encontrando-se, na verdade, no mais simples até no mais complexo de um ser.

Nas práticas do TAI CHI CHUAN, os termos *Yin* e *Yang* são transformados em duas outras palavras, para sua representação no nível corporal, que são SHÜ e SZE. A palavra SHÜ tem o sentido de *não-concreto*, como algo que não apresenta forma ou sensação palpável, não deixando, porém, de *existir*. O SHÜ não é oco ou vazio, correspondendo a *Yin*. A palavra SZE traz sentido de *concreto, palpável*, correspondendo a *Yang*.

Se utilizarmos a imaginação e a sensibilidade, poderemos imaginar que a sensação do SHÜ é algo semelhante a se pisar em areia movediça, e que a sensação do SZE é a de se pisar sobre uma rocha.

A experiência, a conscientização e a utilização do SHÜ e do SZE nas práticas do TAI CHI CHUAN são constantes e devem ser vistas como de dois elementos inseparáveis de uma unidade humana. A constante vivência consciente de SHÜ e de SZE pode ampliar e tornar sutil a estrutura do homem, tanto no nível sensorial quanto no psíquico.

Neste tópico, para melhor compreensão do SHÜ e do SZE em termos de integração, dividimos nosso estudo em sete partes:

1ª. Parte: A Característica

1.1 – O SHÜ e o SZE devem ser claramente definidos para um iniciante: durante os movimentos, esses dois estão sempre em transferência mútua nas partes do corpo e no movimento, como, por exemplo, nos movimentos da ilustração a seguir. O SZE é a parte na qual se apoiou o peso do corpo, e esse apoio muda, de acordo com o fluir dos movimentos. Nas mãos, ao empurrar a palma para a frente, a polaridade se transfere, fazendo com que as energias concentradas passem, de forma automática, da esquerda para a direita.

1.2 – Com a constante transferência de SHÜ e SZE, o corpo economiza forças e efetua maior aproveitamento das energias. A transferência de SHÜ e SZE cria um círculo de movimento energético que tornará maior a integração do homem com o seu ambiente.

2ª. Parte: A Qualidade

O SHÜ e o SZE podem manifestar-se em dois níveis: o *físico-externo* e o *energético-interno*.

2.1 – O SHÜ/SZE físico-externo é determinado pela forma, a postura do corpo; a parte do corpo na qual atua o SZE é aquela sobre a qual se encontra apoiada a maior parte do corpo.

2.2 – O SHÜ/SZE energético interno é onde unimos a intenção à energia vital, ou seja, onde se concentram as energias (CHI), de forma mais mental. Já que o TAI CHI CHUAN não propõe o emprego de força física bruta, é importante que nos lembremos de que essa *concentração* energética não apresenta a característica de contração ou tensão intencional do corpo físico.

3ª. Parte: O Conceito

Para se conceituar melhor a atuação de SHÜ/SZE, podemos resumi-la no seguinte:

SHÜ – não significa frouxidão. É através da suavidade, maciez e flexibilidade que alcançamos uma melhor fluidez de circulação da energia e do sangue.

SZE – não significa rigidez. É a dinamização imediata da atenção e da energia em uma parte do corpo e que pode ser retirada ou transferida com a mesma dinâmica; é a força sem rigidez, é o movimento que nasce da quietude, a força que se origina da suavidade.

4ª. Parte: A Distribuição

4.1 – De acordo com o princípio da relação *Yin-Yang*, que deve sempre se dar segundo pontos antagônicos, as posturas e movimentos do TAI CHI CHUAN distribuem-se igualmente de acordo com esta relação. Assim, a mão direita e a perna esquerda pertencem à mesma polaridade; a mão esquerda e a perna direita pertencem à outra.

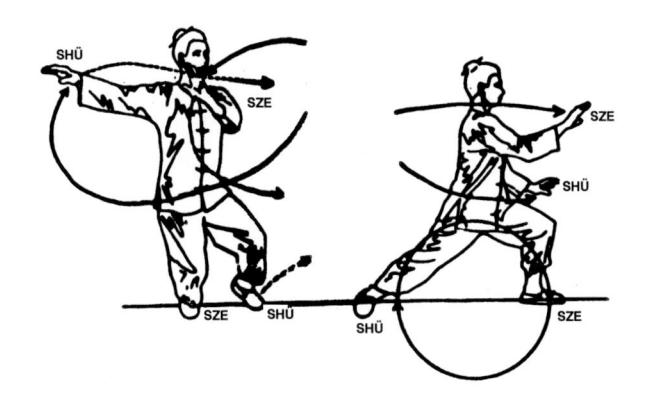

Como o TAI CHI CHUAN é uma arte de constante movimento, prevalece a *continuidade*. Assim, as polaridades apresentam uma dinâmica, mudando constantemente durante as sequências de movimentos, como mostra a ilustração anterior.

4.2 – Se, durante uma sequência do TAI CHI CHUAN, erroneamente fixarmos, de maneira constante, o peso em uma das partes do corpo ou sempre no meio, com os pesos divididos, sem transferências, isto causará, automaticamente, uma característica de endurecimento (movimentos extrapesados) ou flutuação (falta de firmeza e equilíbrio), bem como, provavelmente, fará com que haja grande consumo de energia sem necessidade. Além disso, qualquer um desses procedimentos está em contradição com o princípio do I CHING e do Taoismo, segundo o qual "tudo que é vivo é fluido e mutável".

5ª. Parte: A Proporção

Em termos da proporção de pesos do corpo sobre as duas pernas, no sentido de que em SZE se sustenta mais peso e em SHÜ se sustenta menos peso, podem haver, não obstante, três graus:

5.1 – Em *grande escala*: 3:7, ou seja, 30% de peso em uma das pernas e 70% na outra.

A proporção em grande escala é ideal para os iniciantes, pois, assim, podem adquirir com facilidade a sensação nítida de SHÜ/SZE no corpo e nos movimentos. Esse procedimento desperta a consciência do peso, da transferência do mesmo e de sua relação com a terra, com o chão, além do que desenvolve mais a parte muscular-física.

5.2 – Em *pequena escala*: 4:6, ou seja, 40% de peso em uma das pernas e 60% na outra.

Com o passar do tempo, devemos, aos poucos, ir reduzindo a diferença na distribuição do peso e a relação entre o *eixo* do corpo e o ponto do meio, entre os dois pés, para uma relação de 4:6.

Dessa maneira, a consciência de SHÜ/SZE deixa de se apoiar tanto no nível físico (externo) e passa a ser sentida de forma mais sutil e interiorizada.

5.3 – *Exteriormente imperceptível*: é o caso daqueles que conseguem manter a constante transparência de SHÜ em um nível mais interiorizado, exteriormente demonstrando aparente distribuição não-diferenciada dos pesos do corpo. Nesse caso, demonstrado muitas vezes por grandes mestres, a situação de SHÜ/SZE passa a ser dirigida por pura intenção ou intuição, passando a atuação para o nível energético, sendo que essa diferença entre SHÜ e SZE só poderá ser sentida através do contato físico (sente-se a força da energia do praticante, mas sem que se a veja demonstrada fisicamente pelos movimentos ou pelas posturas).

6ª. Parte: A Mudança

Durante a mudança do SHÜ-SZE, existem os seguintes pontos importantes:

6.1 – Os movimentos de transferência nunca devem ser levados ao extremo, como, em geral, na Arte do TAI CHI CHUAN: não se cultiva a *atitude* de extremismo.

6.2 – O lado SZE não deve estar pesado.
O lado SHÜ não deve estar flutuante.

6.3 – No comportamento do corpo, de um modo geral, devemos seguir a seguinte divisão:

Considerando-se a distância entre os dois pés dividida em três segmentos iguais, a projeção do corpo deve se situar dentro dos limites do terço médio. O trabalho, então, apresentará sempre uma proporção entre 1/3 e 2/3, de um lado em relação ao outro.

6.4 – Os movimentos utilizados nas práticas do TAI CHI CHUAN, como os passos, movimentos dos braços, ombros, tronco, cintura-quadril, coxa-joelho, tornozelo-pé, devem ser orientados sempre nas direções segundo os ângulos de 45°, sendo, nestes, proporcionado o SHÜ/SZE, como, por exemplo, na ilustração a seguir:

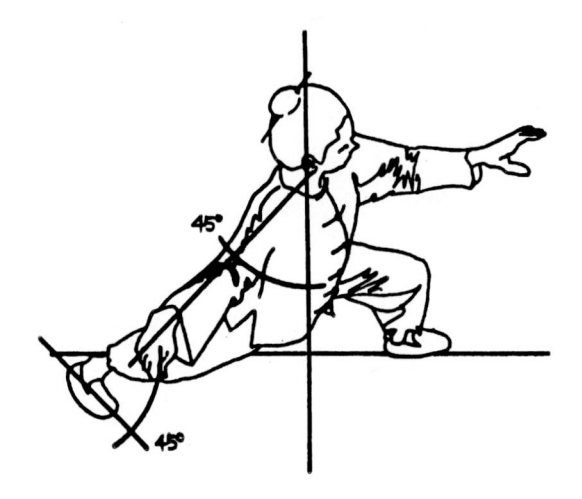

6.5 – Ao se efetuarem os passos ou os movimentos dos braços, estes devem lembrar os movimentos circulares e espiralados que correspondem ao símbolo do TAI CHI:

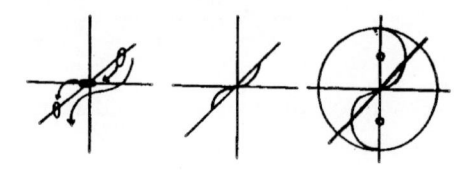

É importante lembrar que a razão para um movimento ser circular ou em espiral é que a toda força corresponde uma contraforça, no nível físico. Essas duas forças lineares, em seu encontro direto, automaticamente se anulam ou criam um choque. A força espiralada vence a força reta. Assim, sem a necessidade de um ponto de apoio, o movimento em espiral transfere constantemente seu SHÜ/SZE, sem que percebamos.

7ª. Parte: O Amadurecimento

À medida que formos desenvolvendo a prática do TAI CHI CHUAN, mais iremos nos aproximando de um estado de abstração: enquanto o espírito vai se tornando mais brando, o corpo vai se tornando mais maleável, e as posturas, mais diluídas. É como se fosse uma rocha sob uma cachoeira: através dos tempos, com a força da água, a rocha vai perdendo suas pontas e ângulos, tornando-se mais roliça.

Os gestos amadurecidos são abstraídos a um estado que se assemelha ao "caos de perfeição". Aos olhos dos outros, fica difícil determinar cada postura, ao mesmo tempo que é possível sentir e perceber uma perfeita angulação, um posicionamento e um peso físico bem-uniformizados e harmoniosos, sob um aparente caos de movimento.

Assim, no caminho da Arte do TAI CHI CHUAN, devemos nos iniciar nas técnicas organizadas de forma metódica, para, posteriormente, chegarmos à arte não-metódica. Esse é o caminho do RETORNO, da *Forma* à *Não-Forma*, das faces inconstáveis do Universo ao "Um", do Princípio, e, do Um, mergulhar ao "ZERO" do ABSOLUTO.

IX. AS PRINCIPAIS POSTURAS

Atualmente, na China, existem quatro estilos principais de TAI CHI CHUAN: as Escolas Chen, Yang, Wu e Sun. Cada uma delas possui uma forma própria de expressão. Entre todas as escolas, o estilo Yang é o mais difundido. Seus movimentos têm as seguintes características: são amplos, suaves e contínuos. TAI CHI CHUAN do estilo Yang apresenta, aproximadamente, sessenta posturas básicas, que, executadas em forma de sequência contínua (com repetição), podem ultrapassar o número de cem posturas. Realizado através de uma respiração profunda, o TAI CHI CHUAN do estilo Yang proporciona uma visível melhora da saúde física e psíquica.

Para este último capítulo, selecionei 69 desenhos de posturas de TAI CHI CHUAN na forma Yang, para poder orientar os principiantes. Além disso, selecionei 26 fotos do meu mestre Dr. Wu Chao-hsiang, tiradas há mais de trinta anos, em Taiwan.

6 7 8 9 10

4 5

6 7

11 12 13 14 15

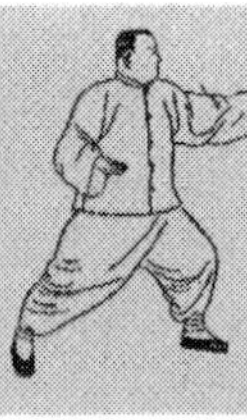
16

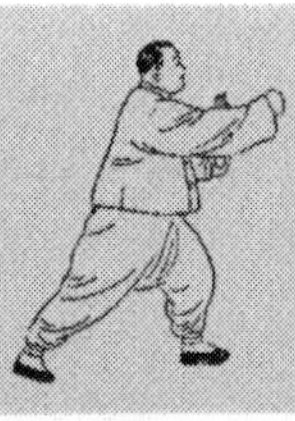
17

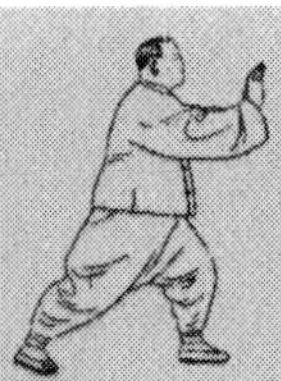
18

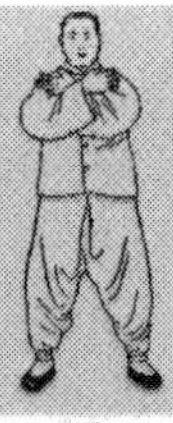
19

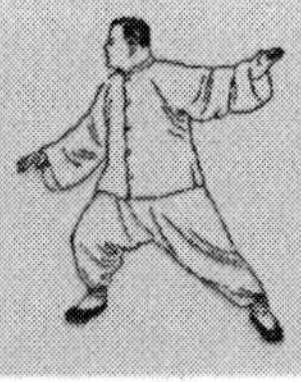
20

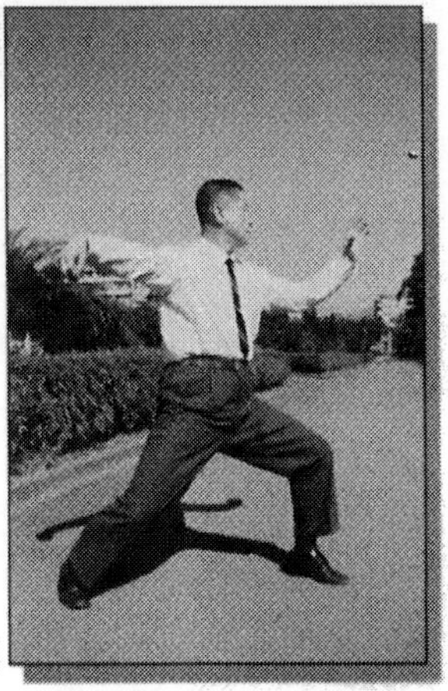
8

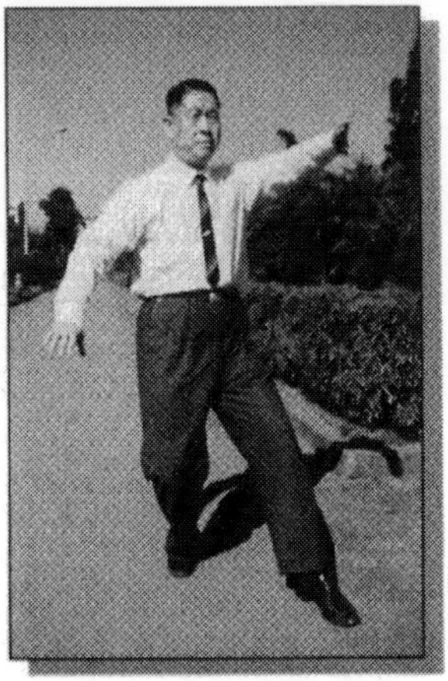
10

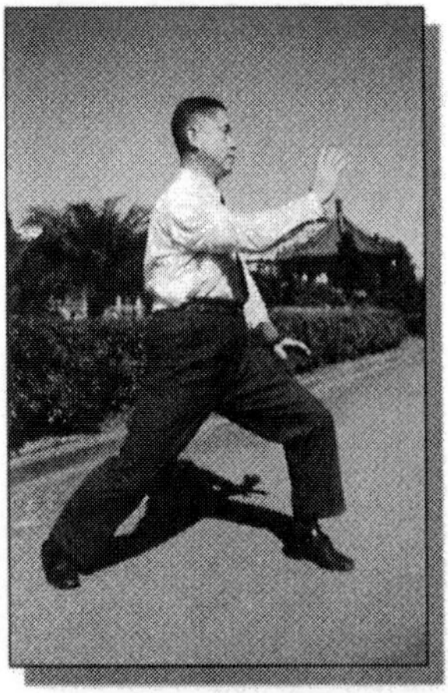
11

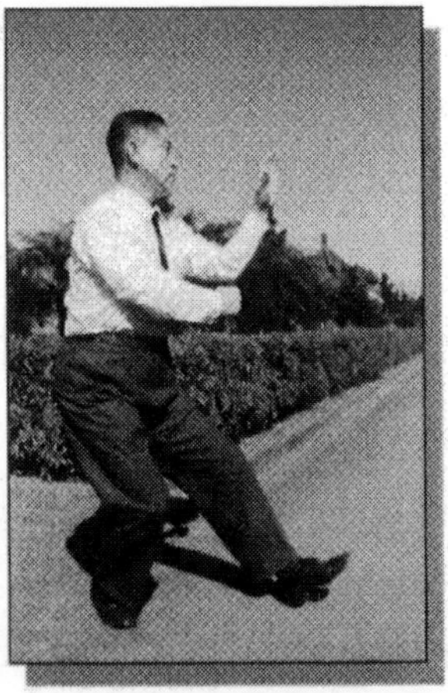
22

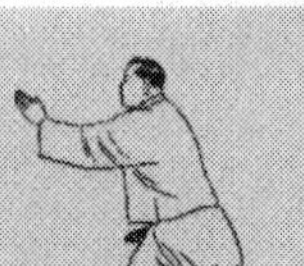
21

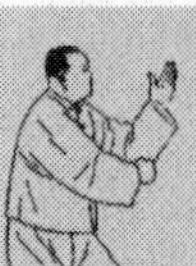
22

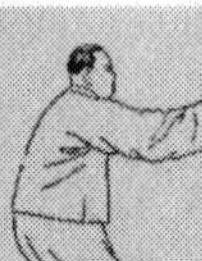
23

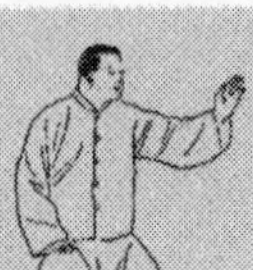
24

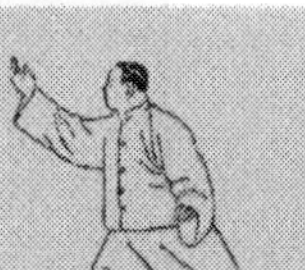
25

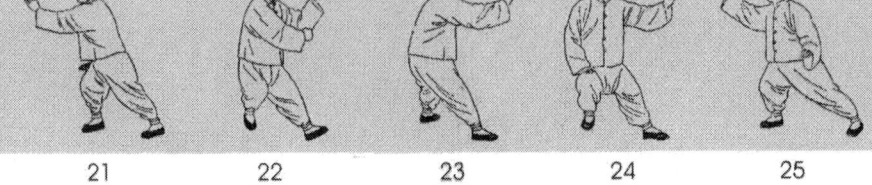

| 26 | 27 | 28 | 29 | 30 |

23

24

25

30

| 31 | 32 | 33 | 34 | 35 |

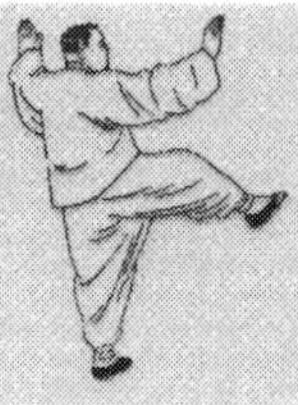
36

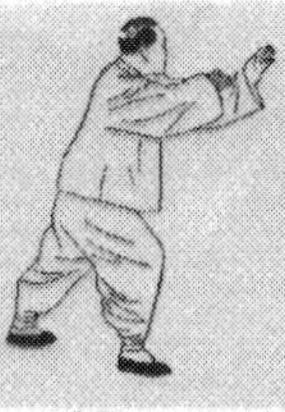
37

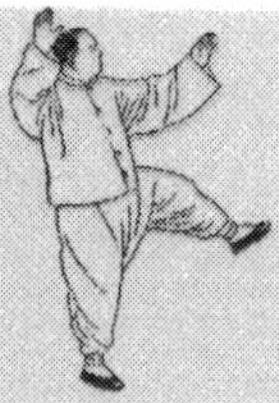
38

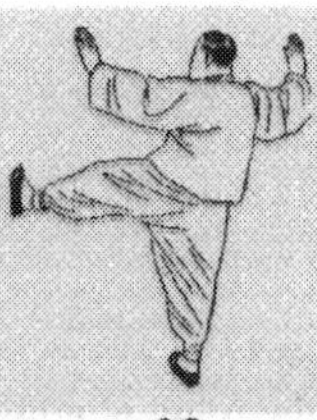
39

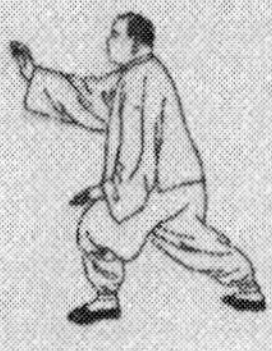
40

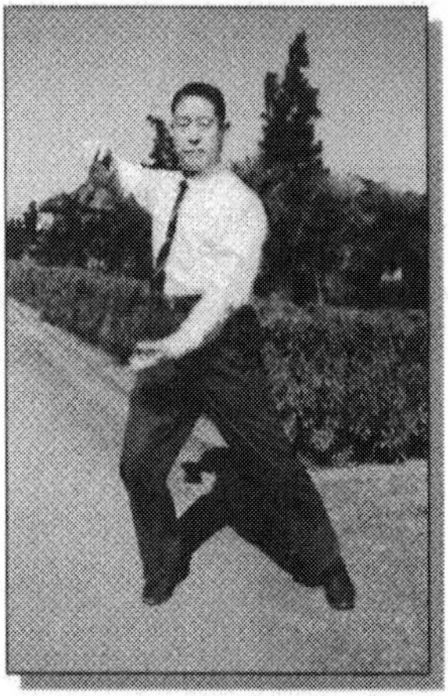
32

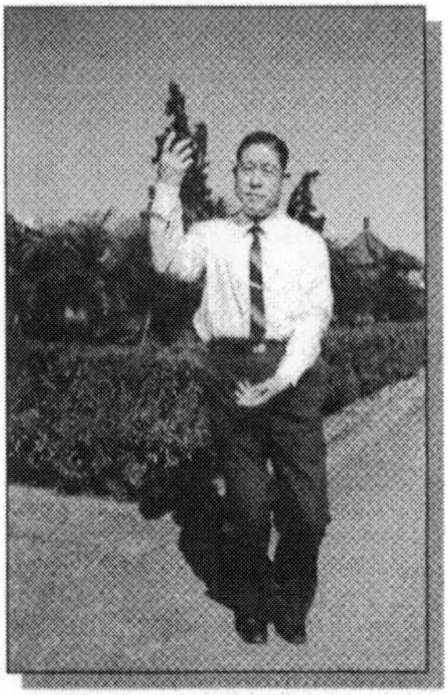
33

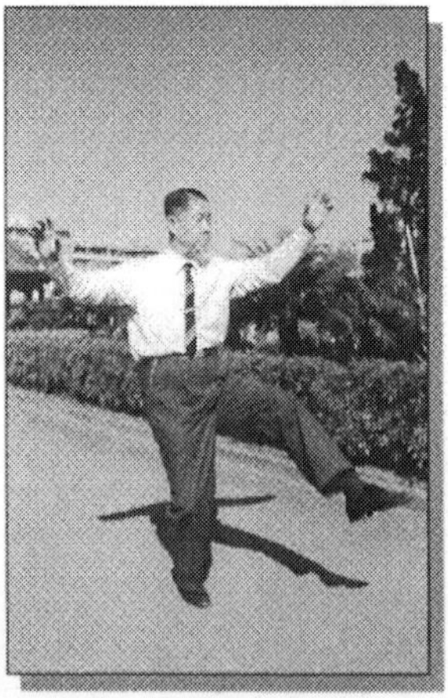
36

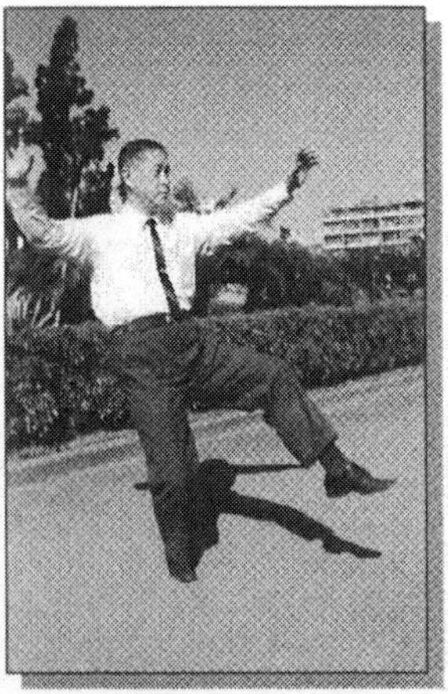
38

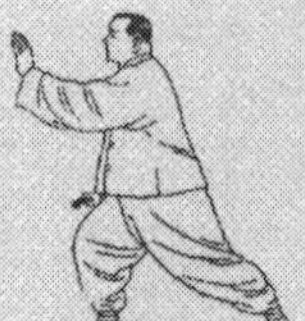
41

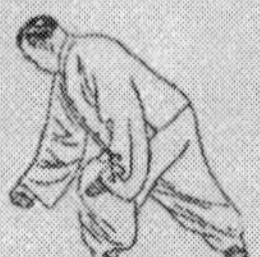
42

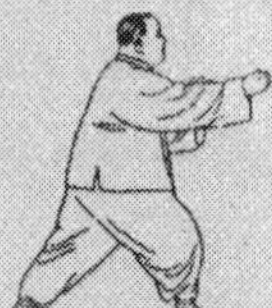
43

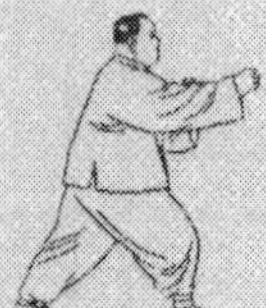
44

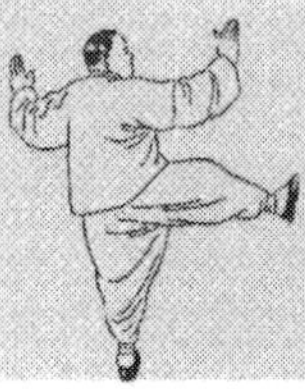
45

46 47 48 49 50

39 41

52 53

51 52 53 54 55

56 57 58 59 60

54 55

60 63

61 62 63 64 65

65

66

| 66 | 67 | 68 | 69 |

Características deste livro:
Formato: 14 x 21 cm
Mancha: 10,5 x 17,0 cm
Tipologia: Times New Roman 11,5/13,5
Papel: Ofsete 75g/m2 (miolo)
Cartão Supremo 250g/m2 (capa)
4ª edição – revista e ampliada: 1998
5ª edição: 2010

*Para saber mais sobre nossos títulos e autores,
visite nosso site:*
www.mauad.com.br